知的障がい者支援信託

親亡き後は信託で

行政書士　1級ファイナンシャル・プランニング技能士

岡内　誠治　著

はじめに

　本書は、「知的障がい者の親亡き後対策には、信託がいいらしいけど、よくわからない」と考えている支援者のために書いた本です。

　平成19年の信託法の改正・施行によって、信託銀行等の独占状態だった信託を一般の法人個人誰もが利用できるようになりました。これは画期的な出来事だったのですが、当初は期待されていたほど普及しませんでした。

　ところが、ここ数年、認知症高齢者の後見的財産管理、財産承継において、成年後見制度、相続、遺言より柔軟な対応ができる制度として注目を集めるようになり、講演会は盛況で、マスコミに取り上げられる機会も増加しました。

　そして、知的障がい者の親亡き後の財産管理においても、使い勝手が悪い法定後見制度に代わる制度として、強く期待されるようになってきています。

　信託は、後見を行う機能と財産を円滑に承継する機能が優れており、障がい者や認知症高齢者を支援する福祉型信託、中小企業の事業承継信託、社会貢献型信託、地域再生型信託、飼い主亡き後にペットなどの世話をする目的の信託等、幅広い分野で利用されています。

　そのため、既に出版されている信託に関する書籍は、信託について網羅的な説明をしているものが中心で、知的障がい者支援に内容を絞り込んだものは見当たりません。知的障がい者支援に関係のない情報も多く含まれており、それらを読んでも、知的障がい者支援信託を正確に理解することは難しいものです。

　筆者のように信託を職業としてきた読者であれば、適切な取捨選択は可能なのでしょうが、初めて信託を学ぶ場合、無用な混乱

を与えてしまい、「信託はいい制度らしいが、難しくてわかりにくいもの」と中途挫折の原因にもなっています。

　このような問題を解決したいと考え、知的障がい者支援信託に特化した本書を出版することにしました。
　知的障がい者の親、家族、親族、その他の支援者を読者と想定し、効率的に理解できる内容としているので、知的障がい者支援信託は本書一冊をマスターすれば十分なものになっています。

　現在、信託は急速に普及してきていますが、従来の方法と比較して、コストもリスクも下げることができ、自由設計も可能な信託を知れば、利用したいと考える人は、今後一層増えるものと予想されます。
　特に、長期間にわたる知的障がい者支援においては非常に有効で、中心的な制度になる日はすぐそこまで来ています。
　筆者と同じ立場の知的障がい者の親御さんが、本書で信託を理解、習得し、使いこなせるようになることで、親亡き後の不安から少しでも解放されることを心より祈っています。

　令和 3 年 12 月

　　　　　　　　　　　　　　　　　　　岡内　誠治

　本書では、知的障がい者を「おおむね 18 歳までに明らかになる知的機能の障がい」を持ち、生涯を通して財産の管理・処分等が困難な人とします。

目次

はじめに ……………………………………………………………… 3

第1章 信託の基本 ……………………………………………………19

1　信託と法定後見制度 …………………………………………20
（1）法定後見制度の問題 ……………………………………20
（2）知的障がい者後見の問題 ………………………………20
（3）法定後見制度への期待 …………………………………20
（4）信託の検討 ………………………………………………21
2　信託の歴史 ……………………………………………………22
（1）十字軍遠征 ………………………………………………22
（2）日本での歴史 ……………………………………………23
（3）新信託法 …………………………………………………23
3　信託の定義と目的 ……………………………………………25
（1）信託の定義 ………………………………………………25
（2）信託の目的 ………………………………………………25
4　信託関係人 ……………………………………………………26
（1）信託関係人 ………………………………………………26
（2）委託者 ……………………………………………………27
（3）受託者 ……………………………………………………27
（4）受益者 ……………………………………………………27

（5）信託監督人、受益者代理人 ……………………28

5　信託の方法 ……………………………………29
（1）信託の方法 ……………………………………29
（2）信託契約 ………………………………………29
（3）遺言　（遺言信託 ） …………………………31
（4）自己信託 ………………………………………33

6　信託財産 ………………………………………36
（1）信託財産 ………………………………………36
（2）信託できる財産、信託できない財産 ………36
（3）信託財産の範囲 ………………………………37

7　信託財産の分別管理 …………………………38
（1）分別管理義務と方法 …………………………38
（2）受託者の損失てん補責任等 …………………38

8　信託財産責任負担債務 ………………………40
（1）定義 ……………………………………………40
（2）範囲 ……………………………………………40
（3）注意点 …………………………………………41
（4）信託財産のみをもって履行する責任を負う債務 ……42
（5）固有財産をもって履行する責任を負う債務 ……42

9　不動産を信託財産にするときの注意点 ……43
（1）金融機関の担保権の設定された不動産 ……43
（2）信託登記制度 …………………………………46

10　受託者 ………………………………………48
（1）定義 ……………………………………………48
（2）受託者候補 ……………………………………48

　（３）受託者の資格 ……………………………48

　（４）個人受託者 ………………………………48

　（５）法人受託者 ………………………………49

11　受託者の権限 …………………………………53

　（１）権限 ………………………………………53

　（２）信託事務の第三者への委託 ……………53

12　受託者の利益享受の禁止と義務 ……………54

　（１）利益享受の禁止 …………………………54

　（２）義務 ………………………………………54

13　受託者の責任等 ………………………………58

　（１）受託者の損失てん補責任等 ……………58

　（２）法人である受託者の役員の連帯責任 …59

　（３）受益者による受託者の行為の差止め …59

　（４）検査役の選任 ……………………………59

14　受託者の費用等及び信託報酬等 ……………61

　（１）信託事務を処理するのに必要な費用の支出 …………61

　（２）信託財産が費用等の償還等に不足している場合の措置

　………………………………………………………61

　（３）受託者の信託報酬 ………………………62

15　受託者の変更等 ………………………………63

　（１）任務の終了事由 …………………………63

　（２）新受託者の選任 …………………………63

　（３）新受託者の就任の催告 …………………63

16　受益者 …………………………………………65

　（１）定義 ………………………………………65

（2）受益者の資格 ……………………………………65

（3）受益権の取得 ……………………………………65

（4）受益者の権利行使の制限の禁止 ………………66

（5）受益権の譲渡 ……………………………………66

（6）受益権取得請求権 ………………………………66

17　委託者 ………………………………………………67

（1）定義 ………………………………………………67

（2）委託者の資格 ……………………………………67

（3）権利能力、意思能力、行為能力、遺言能力 ………67

（4）軽度知的障がい者 ………………………………68

（5）未成年者である知的障がい者 …………………68

18　委託者の権利等 ……………………………………69

（1）委託者の権利 ……………………………………69

（2）委託者の地位の移転 ……………………………70

（3）委託者の相続人 …………………………………70

19　信託監督人の選任、資格、就任の催告 …………71

（1）信託監督人の選任 ………………………………71

（2）信託監督人の資格 ………………………………71

（3）信託監督人の就任の催告 ………………………71

20　信託監督人の権限、義務、費用等及び報酬 ……72

（1）信託監督人の権限 ………………………………72

（2）信託監督人の義務 ………………………………72

（3）費用等及び報酬 …………………………………72

21　信託監督人の任務等の終了、新信託監督人の選任 ……74

（1）任務の終了、事務の処理の終了 ………………74

（2）新信託監督人の選任 ……………………………………75

22　受益者代理人の選任、資格、就任の催告 ………………76
（1）受益者代理人の選任 ……………………………………76
（2）受益者代理人の資格 ……………………………………76
（3）受益者代理人の就任の催告 …………………………76

23　受益者代理人の権限、義務、費用等及び報酬 …………77
（1）受益者代理人の権限 ……………………………………77
（2）受益者代理人の義務 ……………………………………77
（3）費用等及び報酬 …………………………………………77

24　　受益者代理人の任務等の終了、新受益者代理人の選任　79
（1）任務の終了、事務の処理の終了 ……………………79
（2）新受益者代理人の選任 …………………………………80

25　信託監督人、受益者代理人の選任基準 …………………81
（1）選任基準 …………………………………………………81
（2）受益者代理人の注意事項 ……………………………81
（3）専門職の選任 …………………………………………82

26　他益信託 …………………………………………………………83
（1）他益信託と自益信託 ……………………………………83
（2）他益信託 …………………………………………………83

27　自益信託→遺言代用信託 …………………………………85
（1）自益信託 …………………………………………………85
（2）遺言代用信託 …………………………………………85
（3）他益信託、自益信託→遺言代用信託の選択基準 ……87
（4）受託者への課税 …………………………………………87

28　信託の変更 ………………………………………………………88

（1）原則 ……………………………………………88

（2）その他の場合 …………………………………88

（3）注意事項 ………………………………………90

29　信託の終了 ……………………………………91

（1）信託の終了事由 ………………………………91

（2）信託の清算 ……………………………………92

（3）残余財産の帰属 ………………………………93

第2章　信託の詳細 ………………………………95

1　信託の機能 ……………………………………96

（1）財産の長期的管理機能 ………………………96

（2）転換機能 ………………………………………96

（3）倒産隔離機能 …………………………………97

2　後継ぎ遺贈型受益者連続信託 ………………100

（1）後継ぎ遺贈 ……………………………………100

（2）後継ぎ遺贈型受益者連続信託 ………………101

（3）後継ぎ遺贈型受益者連続信託の利用事例 …105

3　信託の会計 ……………………………………106

（1）信託帳簿の作成 ………………………………106

（2）財産状況開示資料の作成 ……………………106

（3）会計の原則、会計慣行のしん酌 ……………107

（4）報告 ……………………………………………107

（5）保存 ……………………………………………108

　4　信託の税金 ……………………………………109
　（1）受益者等課税信託 ………………………109
　（2）信託の効力発生時 ………………………109
　（3）信託期間中 …………………………………111
　（4）信託終了時 …………………………………114
　（5）信託受益権の評価額 …………………………116
　5　税務署へ提出する書類 ………………………118
　（1）信託の効力発生時 ………………………118
　（2）毎年定期 ………………………………………118
　（3）信託の変更時 ………………………………118
　（4）信託の終了時 ………………………………118
　6　商事信託と民事信託 ……………………………119
　（1）商事信託と民事信託 ……………………119
　（2）商事信託 ………………………………………119
　（3）民事信託 ………………………………………120
　7　民事信託の分類と専門職 ………………………121
　（1）分類 ……………………………………………121
　（2）信託の専門職 ………………………………122
　8　商事信託の商品紹介 ……………………………124
　（1）特定贈与信託 ………………………………124
　（2）生命保険信託 ………………………………125
　（3）教育資金贈与信託 …………………………126

第3章　法定後見制度 ………………………………127

1　家族の思いを伝える ……………………………128

2　成年後見制度の基本 ……………………………132

（1）成年後見制度とは ……………………………132

（2）法定後見制度と任意後見制度 ………………132

（3）知的障がい者の利用 …………………………133

3　法定後見制度 ……………………………………134

（1）種類 ……………………………………………134

（2）申立て …………………………………………136

4　法定後見制度の評判と利用状況 ………………137

（1）法定後見制度の評判 …………………………137

（2）法定後見制度の利用状況 ……………………137

（3）放置厳禁 ………………………………………138

5　法定後見制度の担い手と選任方法 ……………139

（1）担い手が福祉の専門家ではない ……………139

（2）成年後見人等は家庭裁判所の職権で選任 …139

（3）選任傾向 ………………………………………139

（4）不服申立て ……………………………………140

（5）申立ての取下げ ………………………………140

（6）成年後見等の終了 ……………………………141

（7）親族の成年後見人等 …………………………141

6　専門職の成年後見人等 …………………………142

（1）専門職の成年後見人の権限 …………………142

（2）専門職の成年後見人等との出会い …………142

（3）専門職の成年後見人等の解任 ………………142

7　専門職の成年後見人等の後見実態 ……………144

（1）訪問頻度 ……………………………………… 144

（2）専門職の成年後見人等の報酬 ……………… 146

（3）お金の使い方 ………………………………… 147

（4）報酬とサービスのアンバランス …………… 147

（5）成年後見制度利用促進基本計画 …………… 148

（6）専門職へのお願い …………………………… 149

8　専門職の後見人等の不正 ………………………… 150

（1）専門職の後見人等の不正件数 ……………… 150

（2）不正件数に対する解説 ……………………… 150

（3）専門職の後見人等の不正の性質 …………… 151

（4）専門職の後見人等が不正を行う環境 ……… 151

9　後見制度支援信託 ………………………………… 154

（1）導入の経緯 …………………………………… 154

（2）仕組み ………………………………………… 154

（3）手続き ………………………………………… 154

（4）費用 …………………………………………… 155

（5）メリット、デメリット ……………………… 155

（6）利用状況 ……………………………………… 155

（7）注意事項 ……………………………………… 155

第4章　信託と法定後見制度の比較 ………………… 157

1　信託と所有権 ……………………………………… 158

（1）所有権 ………………………………………… 158

（2）信託 ……………………………………………… 158

（3）所有権と信託の流れ ……………………………… 159

（4）賃貸マンションの事例 …………………………… 160

（5）障害年金、賃金 ………………………………… 161

2　申立て、設定 ……………………………………… 162

（1）法定後見の開始の審判の申立て ………………… 162

（2）信託設定 ………………………………………… 162

3　死後事務 …………………………………………… 163

（1）死後事務 ………………………………………… 163

（2）知的障がい者の死後事務 ………………………… 163

（3）成年後見での死後事務 …………………………… 163

（4）死後事務委任契約＋信託契約 …………………… 164

（5）親の死後事務委任契約＋信託契約 ……………… 164

4　財産運用 …………………………………………… 165

（1）法定後見での財産の運用 ………………………… 165

（2）信託での財産運用 ……………………………… 165

5　自宅の管理、売却 ………………………………… 166

（1）自宅の管理 ……………………………………… 166

（2）法定後見での自宅の売却 ………………………… 166

（3）信託での自宅の管理、売却 ……………………… 166

6　知的障がい者支援と認知症高齢者支援の比較 ……… 167

（1）知的障がい者支援と認知症高齢者支援は異なる …… 167

（2）認知症高齢者の支援方法 ………………………… 167

（3）知的障がい者の支援方法 ………………………… 168

コラム　法定後見制度の見直し ……………………… 170

7　成年後見人等にしかできないこととは？ ……………171
（1）併用論 …………………………………………171
（2）成年後見人等にしかできないこと ……………171
8　家族→信託→法定後見制度 ………………………175
（1）考え方 …………………………………………175
（2）信託設定のタイミング ………………………176
（3）信託の利用 ……………………………………176

第5章 信託とその他の財産承継方法の比較 ……………177

1　信託と遺言の比較…………………………………178
（1）遺言 ……………………………………………178
（2）遺言の限界 ……………………………………180
（3）信託のメリット ………………………………180
（4）心理的抵抗 ……………………………………181
（5）事務の引継ぎ …………………………………182
（6）家族会議 ………………………………………182
（7）信託と遺言の併用 ……………………………183
（8）遺言利用時の注意 ……………………………183
2　信託と負担付遺贈の比較 …………………………184
（1）負担付遺贈 ……………………………………184
（2）信託 ……………………………………………184
3　信託と不動産共有の比較 …………………………185
（1）不動産共有 ……………………………………185

（2）不動産共有の注意点 ‥‥‥‥‥‥‥‥‥‥‥‥‥185
（3）不動産共有信託の利用 ‥‥‥‥‥‥‥‥‥‥‥‥185

第6章 親の認知症対策 ‥‥‥‥‥‥‥‥‥‥‥‥‥‥‥187

1　何も対策をしていない場合 ‥‥‥‥‥‥‥‥‥‥188
（1）何も対策をしていない場合 ‥‥‥‥‥‥‥‥‥‥188
（2）法定後見制度 ‥‥‥‥‥‥‥‥‥‥‥‥‥‥‥‥188
2　親の認知症対策（任意後見制度） ‥‥‥‥‥‥‥189
（1）任意後見制度 ‥‥‥‥‥‥‥‥‥‥‥‥‥‥‥‥189
（2）任意後見監督人 ‥‥‥‥‥‥‥‥‥‥‥‥‥‥‥189
（3）任意後見人と任意後見監督人の報酬 ‥‥‥‥‥190
（4）任意後見契約の形態 ‥‥‥‥‥‥‥‥‥‥‥‥‥190
（5）任意後見契約の注意事項 ‥‥‥‥‥‥‥‥‥‥‥191
3　親の認知症対策（信託） ‥‥‥‥‥‥‥‥‥‥‥193
（1）法定後見制度、任意後見制度との比較 ‥‥‥‥193
（2）任意後見契約と比較した信託のメリット ‥‥‥195
（3）信託と任意後見契約の併用 ‥‥‥‥‥‥‥‥‥‥197

第7章 信託の事例 ‥‥‥‥‥‥‥‥‥‥‥‥‥‥‥‥201

事例1｜知的障がい者に兄弟姉妹がいる事例 ‥‥‥‥‥202
事例2｜知的障がい者が一人っ子の事例 ‥‥‥‥‥‥‥206

事例 3 ｜両親が離婚している事例 1 ……………………… 209

事例 4 ｜両親が離婚している事例 2 ……………………… 212

事例 5 ｜親が再婚している事例 …………………………… 216

第 8 章 信託の注意事項 ……………………………………… 219

1　信託を正しく利用 …………………………………………… 220

（1）信託のデメリットはない ………………………………… 220

（2）受託者との信頼関係 ……………………………………… 220

（3）良好な家族関係 …………………………………………… 221

2　一人っ子問題 ………………………………………………… 222

3　受託者教育、引継ぎ、モチベーション維持 …………… 224

（1）受託者教育 ………………………………………………… 224

（2）受託者への引継ぎ ………………………………………… 224

（3）受託者のモチベーション維持 ………………………… 225

4　まず、金銭の信託から、不動産の信託は慎重に ……… 226

（1）一部事務の専門職への委託 ……………………………… 226

（2）まず、金銭の信託から …………………………………… 226

（3）金銭の信託と不動産の信託の比較（債務負担）……… 227

（4）金銭の信託と不動産の信託の比較（事務負担）……… 228

（5）信託登記制度の問題 ……………………………………… 229

5　専門職の見分け方 …………………………………………… 230

（1）専門職の役割 ……………………………………………… 230

（2）シンプルな信託を構築してくれる専門職か？ ……… 230

（3） 審査力のある専門職か？ ……………………………… 231

（4） 受託者への監督力がある専門職か？ ……………… 231

（5） 知的障がい者に向き合うことができる専門職か？ ‥232

6　信託を味方につける努力 …………………………… 233

（1） 法定後見制度の品質 ………………………………… 233

（2） 信託における努力 …………………………………… 233

おわりに ………………………………………………… 235

参考文献等 ……………………………………………… 236

事項索引 ………………………………………………… 237

第1章

信託の基本

1　信託と法定後見制度

　知的障がい者の財産管理方法には法定後見制度がありますが、信託を理解するためには、法定後見制度も併せて理解しておく必要があります。

（1）法定後見制度の問題
　法定後見制度は、平成12年の制度発足から20年程経過していますが、いまだに多くの問題を指摘され続けている制度です。
　積極的に利用したいものではなく、他に選択肢がないから利用する制度にとどまっており、筆者はこの制度に対して肯定的な意見を言う人にいまだ出会ったことがありません。

（2）知的障がい者後見の問題
　さらに、深刻なのは、後見期間が長期化する知的障がい者に対して、問題がより強く作用することです。
　専門職（弁護士、司法書士等）の成年後見人等（成年後見人、保佐人、補助人）への重い報酬負担、不十分な身上監護、ハラスメント、財産の横領等問題山積の状態ですが、専門職への報酬負担は、経済的に苦しい知的障がい者にとって大きな問題です。法定後見制度は一度申立てをしたら、やめたくてもやめられない制度なので、多額の借金を終生、知的障がい者に背負わせ続けるような効果があります。

（3）法定後見制度への期待
　法定後見の開始後に、後悔しないようにしたいものですが、理解不十分な状態で申立てを行い、さまざまな問題に直面している家族が多数いらっしゃいます。
　本書では、このような家族が増えないよう、注意喚起をしていきますが、誤解して欲しくないのは法定後見制度を否定している

わけではないということです。

　「待ったなし」の状況に置かれた知的障がい者が、法定後見制度を利用することについては何の異論もありませんし、セーフティーネット的な制度であることも承知しています。

　さらに、親御さん達が設立した法人による後見、社会福祉法人による後見及び社会福祉協議会による市民後見人には期待しており、この制度が改善されることを強く願っています。

（4）信託の検討

　法定後見制度は平成 12 年に開始され、信託が利用可能になったのは平成 19 年です。平成 12 年から平成 19 年の間は、法定後見制度しか選択肢がない状態でしたが、現在は信託の選択肢もあります。

　筆者は、法定後見制度は最後に選択する制度であり、まずは信託を検討すべきだと考えています。硬直化した法定後見制度と異なり、創造力を発揮できる信託は年々進化してきており、今後も一層使い勝手がよくなることが期待できるからです。

2 信託の歴史

（1）十字軍遠征

　信託の原型は、ヨーロッパでの十字軍遠征における出征兵士の家族を守る制度にあるという説があります。

　出征兵士となった貴族階級は、領地など全財産を置いて戦地に赴きました。当時、残された家族には財産を管理する権限がなかったので、領地から税を徴収し、財産を管理する権限を持つ人を決めておく必要がありました。

　出征兵士（委託者）は、強い信頼関係がある友人（受託者）に財産の管理を託し、家族（受益者）を扶養してもらいました。

　友人に財産の「名義」を移すものの、「権利」は家族にあります。

　さらに、出征兵士が戦死しても信託は終了せず、友人が財産を管理し、得られた利益を兵士の家族に渡し続けました。

図表1-1　信託の原型

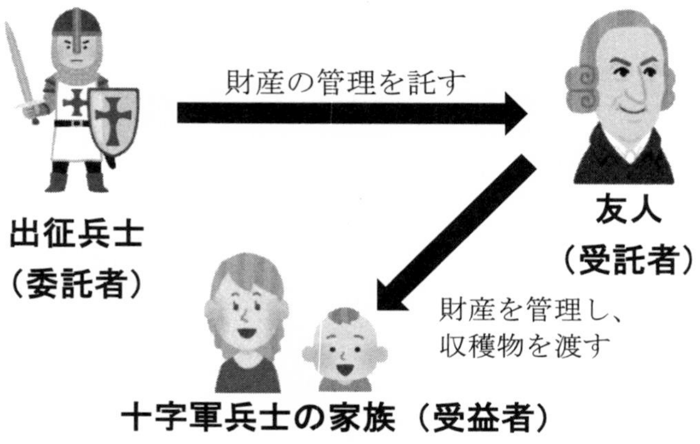

財産の管理を託す

出征兵士
（委託者）

友人
（受託者）

財産を管理し、
収穫物を渡す

十字軍兵士の家族（受益者）

（2）日本での歴史
ア　信託法制定
　日本では、空海が寺院を作るための寄付を募る際に、信託制度に似た集金方法をとったと言われていますが、信託法が制定されたのは約100年前の大正11年（1922年）です。

イ　信託受託残高
　現在、信託は金融の世界で非常に便利な仕組みとして活用されており、令和2年9月末の信託受託残高は1,300兆円に達しています（一般社団法人信託協会資料）。

ウ　身近な信託
　よく聞く信託には投資信託があります。
　年配の方は信託銀行のビッグ、ヒットという信託商品を記憶されているかもしれません。
　信託は、投資や貯蓄を身近なものにしてきた歴史のある仕組みです。

エ　信託銀行中心の運営
　ただ、信託は信託銀行を中心に運営されていたこともあり、信託銀行に勤務したことがある人や、不動産、年金関係の職業につかれた人以外には、馴染みのない制度でもありました。

（3）新信託法
ア　信託法の改正・施行
　大きな転機は平成19年に訪れました。
　80年以上にわたって実質的に変更がなかった信託法の改正・施行で、信託業の免許を持たない一般の法人個人誰もが、信託を利用できるようになりました。

イ　すぐには普及しなかった信託

　これは画期的な出来事だったのですが、すぐには普及しませんでした。

　理由の一つに信託の専門家が少なすぎたという事情が挙げられます。専門家は、都市銀行、地方銀行行員などと比較して、非常に少数の信託銀行社員しかいませんでした。

ウ　今後の信託

　すぐには普及しなかった信託ですが、信託法改正後 10 年経過したころから認知度が上がり、マスコミでも取り上げられるようになりました。

　現在、メインフィールドは認知症高齢者対策ですが、今後、知的障がい者の財産管理で利用が増えるのは間違いないでしょう。

　長期間となる知的障がい者支援と、長期的な財産管理制度である信託との相性がいいからです。

3　信託の定義と目的

（1）信託の定義
　財産の所有者（委託者）が、信頼できる人（受託者）に財産を移転し、一定の目的（信託目的）の達成のために、信託財産の管理・処分等をしてもらい、信託財産に係る給付を受ける権利等（受益権）を定められた人（受益者）が有する財産管理の制度です。
　信託法では「特定の者が一定の目的に従い、財産の管理又は処分及びその他の当該目的の達成のために必要な行為をすべきものとすることをいう（信託法2条1項）。」と定義しています。

（2）信託の目的
ア　知的障がい者の後見的な財産管理目的
　① 親亡き後の財産管理
　② 法定後見制度の代替

イ　知的障がい者の親の後見的な財産管理目的
　① 認知症対策
　② 法定後見制度の代替、任意後見制度の補完・代替

ウ　財産の承継目的
　① 相続、遺言、贈与の補完・代替
　② 財産の確実な承継と争族になりやすい遺産分割協議の回避

エ　財産承継の連続目的
　① 知的障がい者が亡くなった後の財産承継
　② 一人っ子知的障がい者の財産承継

オ　共有対策目的
　共有のデメリット回避

4　信託関係人

（1）信託関係人

　信託の当事者は委託者、受託者、受益者です。

　受益者を保護し受託者を監督するために、信託監督人、受益者代理人を選任します。

　知的障がい者支援信託では、誰が委託者、受託者、受益者になるのかが、ほぼ決まっています。

図表1-2　信託関係人（信託契約により信託した場合）

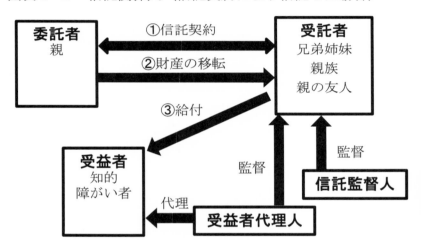

① 信託契約

　委託者が受託者と信託契約を結びます。

　財産の名義は受託者に移り、受託者は信託目的の達成のために、信託財産の管理・処分等を行います。

② 財産の移転

　委託者から受託者に財産を移転します。

③ 給付
　　受益者は信託財産に係る給付を受けます。

（2）委託者

　信託をする者（信託法2条4項）で、信託財産のもともとの所有者です。

　信託の発起人で最初の主役ですが、信託の発効後に財産の管理・処分権限等は受託者に移り、信託財産に係る給付を受ける権利は受益者に移ります。

　主役の座を受託者と受益者に譲るのですが、「委託者が主役にならなくてもよくなる」が適した表現です。

　知的障がい者支援信託では、主に親が委託者になりますが、祖父母、兄弟姉妹等もなることができます。

（3）受託者

　信託行為の定めに従い、信託財産に属する財産の管理又は処分及びその他の信託の目的の達成のために必要な行為をすべき義務を負う者です（信託法2条5項）。

　信託設定後、信託を動かしていく主役となり、知的障がい者支援信託では兄弟姉妹、親族、親の友人等を想定します。

　なお、専門職（弁護士、司法書士、行政書士、税理士等）が受託者になることは、信託業法に抵触する可能性が高いと考えられています（信託業法3条、2条1項・2項）。

（4）受益者

　受益権を有する者（信託法2条6項）で、信託から生じる経済的利益を享受する信託財産の実質的な所有者で、知的障がい者がなります。

　信託財産そのものではなく、受益権という権利を取得します。

　例えば、賃貸マンションの信託では、賃貸マンションそのもの

ではなく、賃料収入や売却代金から必要経費を控除した金額相当額を信託利益として得る権利を有します。

　受益者には資格や要件の定めがなく、承諾も不要なので、判断能力が不足する知的障がい者も受益者になれるのですが、逆に、知的障がい者が受益者以外になることは、原則、想定しません。

（5）信託監督人、受益者代理人

　受益者（知的障がい者）保護のために設けられた信託関係人です。

ア　信託監督人

　受益者のために受託者を監視・監督する者で、受益者自身で受託者を監視・監督することが困難な場合などに選任します。

　受益者のために自己の名をもって、受託者を監督する権利（一部除外）に関する一切の裁判上又は裁判外の行為をする権限を有します（信託法132条1項、92条）。

イ　受益者代理人

　受益者の代理人であり、その代理する受益者のために受益者の権利を行使する者で、受益者が意思表示をするのが難しい場合、複数の受益者の権利を統一行使したい場合等に選任します。

　その代理する受益者のために、当該受益者の権利（責任の免除に係るものを除く）に関する一切の裁判上又は裁判外の行為をする権限を有します（信託法139条1項、42条）。

　知的障がい者支援信託では、原則、受益者代理人を選任するのですが、受益者代理人に代理される受益者は、受託者を監督する権利及び信託行為において定めた権利を除き、その権利を行使することができません（信託法139条4項、92条）。

5　信託の方法

（1）信託の方法
　信託は次に掲げる方法のいずれかによって設定することができます（信託法3条）。
① 信託契約
② 遺言
③ 自己信託
　なお、信託を設定する法律行為を「信託行為」といいます（信託法2条2項）。

（2）信託契約
ア　設定方法
　最も利用される方法で、委託者（親）と受託者（兄弟姉妹、親族、親の友人等）が、次の①②の旨の契約（信託契約）を締結します（信託法3条1号）。
① 受託者に対し財産の譲渡、担保権の設定その他の財産の処分をする旨
② 受託者が一定の目的に従い、財産の管理又は処分及びその他の当該目的の達成のために必要な行為をすべき旨

イ　効力の発生
① 原則
　信託契約の締結によってその効力を生じます（信託法4条1項）。

図表1-3　信託契約

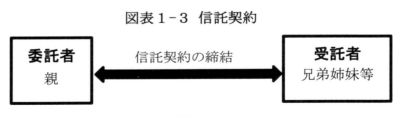

② 例外

　信託契約に停止条件又は始期が付されているときは、当該停止条件の成就又は当該始期の到来によってその効力を生じます（信託法４条４項）。

　(a) 停止条件付の法律行為

　法律行為の効力の発生が、将来の不確実な事実の発生（停止条件）にかかっている場合で、その停止条件が成就した時から、その効力を生じます（民法 127 条 1 項）。

例 委託者に法定後見の開始の審判の申立てがあったとき

　(b) 始期付の法律行為

　法律行為の効力の発生が、将来の確実な事実の発生（始期）にかかっている場合で、その始期が到来した時から、その効力を生じます（民法 135 条 1 項）。

例 令和○年○月○日より

ウ　公正証書による契約

　委託者と受託者の意思表示の合致だけで成立する諾成契約で、口頭でも成立しますが、通常は契約書を作成します。

　金融機関で金銭を管理する信託口座を開設する時に、公正証書による信託契約書の提示を求められることが多いので、公正証書で契約を行います。

　公正証書は、法律実務の経験豊富な公証人が作成する公文書で、原本は公証役場で保管され、いつでも謄本等の交付請求が可能です。

エ　メリット

　委託者が生きているうちに信託を開始でき、さまざまな手続きを受託者に引き継げます。

（3）遺言　（遺言信託 [1]）

ア　設定方法

委託者（親）が、次の①②の旨の遺言をする方法で信託を設定します（信託法3条2号）。

① 受託者に対し財産の譲渡その他の財産の処分をする旨
② 受託者が一定の目的に従い、財産の管理又は処分及びその他の当該目的の達成のために必要な行為をすべき旨

イ　効力の発生

① 原則

委託者が死亡し、遺言の効力の発生によって、信託の効力を生じます（信託法4条2項）。

図表1-4　遺言信託

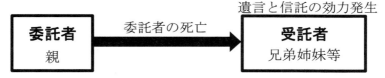

② 例外

遺言に停止条件又は始期が付されているときは、当該停止条件の成就又は当該始期の到来によって、信託の効力を生じます（信託法4条4項）。

ウ　公正証書遺言

公正証書遺言、自筆証書遺言、秘密証書遺言で信託設定できますが、検認手続きや真正に作成されたかの争いを避けるために、公正証書遺言を利用します。

---

[1] 信託銀行や銀行に「遺言信託」という名称の商品があります。遺言書の作成支援、預かり、遺言執行のサポートをするもので、信託法による遺言信託とは異なるものです。

エ デメリット

① 受託者が引受けをしない、できない

　受託者として指定された者が、信託の引受けをしなかったり、死亡などの理由で引受けをできなかったりして、信託を開始できないことがあります。

② 受託者教育が不十分

　受託者教育の機会がなく、受託者がいきなり実務を開始することがあります。

③ 親の認知症対策にならない

　委託者（親）の死亡時まで効力が発生せず、親の認知症対策にはなりません。

④ 成年後見人による財産の売却

　委託者（親）に専門職の成年後見人が選任された場合、全財産の処分権を有する成年後見人が信託財産を換価処分することがあり、遺言信託が台無しになることがあります。

⑤ 公正証書遺言作成時に受託者が証人又は立会人となることができない

　推定相続人及び受遺者並びにこれらの配偶者及び直系血族は、遺言の証人又は立会人となることができません（民法974条）。

　遺言信託においても、受託者として指定された者がこれらに該当する場合は同様の扱いになります。

オ 遺言信託を利用するケース

　信託を確実に開始でき、委託者（親）の認知症対策にもなる信託契約を優先して利用しますが、委託者死亡時の全財産を特定することができないので、全財産に信託設定することはできません。

死亡時の全財産に信託設定したいときには、主な財産に信託契約で信託設定しておき、残りの財産は遺言信託でカバーします。

（4）自己信託

　信託法改正で、平成 20 年から利用できるようになった新しい信託の方法です。

ア　設定方法

　委託者（親）が自身を受託者（委託者＝受託者）とし、自己の有する財産を受益者（知的障がい者）のために管理又は処分等する旨を公正証書その他の書面又は電磁的記録で意思表示して、設定する方法です（信託法 3 条 3 号）。

　「信託とは、自己の財産を信頼できる別の人に移転し、管理・処分等をしてもらい、その財産から生じる利益を自分自身又は受け取って欲しい人に渡す仕組み」という従来の信託とは異なる方法で、委託者の単独行為による信託設定となります。

イ　効力の発生

① 原則

　次の区分に応じて、信託の効力が生じます（信託法 4 条 3 項）。

（a）公正証書又は公証人の認証を受けた書面若しくは電磁的記録（公正証書等）によってされる場合

　公正証書等の作成によって、信託の効力を生じます。

（b）公正証書等以外の書面又は電磁的記録によってされる場合

　受益者となるべき者として指定された第三者に対して、確定日付のある証書で、当該信託がされた旨及びその内容の通知を行うことによって信託の効力を生じます。

33

② 例外

　停止条件又は始期が付されているときは、当該停止条件の成就又は当該始期の到来によって、信託の効力を生じます（信託法4条4項）。

ウ　スキーム

図表1-5　自己信託

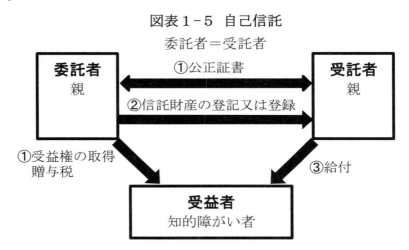

委託者＝受託者

委託者
親

①公正証書

②信託財産の登記又は登録

受託者
親

①受益権の取得
　贈与税

③給付

受益者
知的障がい者

① 公正証書

　公正証書の作成によって、信託の効力を生じます。

　知的障がい者が受益権を取得し、贈与税が課税されます。

② 信託財産に属する財産の登記又は登録

　信託の登記又は登録制度がある財産（不動産）は信託の登記又は登録を行います。

　信託の登記又は登録をしなければ、当該財産が信託財産に属することを第三者に対抗することができません（信託法14条）

③ 給付

　受益者は信託財産に係る給付を受けます。

エ　デメリット

① 認知症対策にならない

　委託者兼受託者（親）が認知症になると、信託が機能しなくなります。

② 債権者詐害

　委託者兼受託者が悪用し、財産を隠したり、強制執行を逃れたりして、債権者を害するおそれがあります。

オ　委託者が受益者を兼ねる自己信託

　委託者兼受託者（親）が受益者も兼ね、委託者=受託者=受益者で開始させることも可能です。

　ただし、受託者が受益権の全部を固有財産[1]で有する状態が、1年間継続したときに信託は終了します（信託法163条2項）。

　終了を回避するために、1年以内の受託者交代又は知的障がい者の受益権取得が確定していなければなりません。

カ　自己信託を利用する事例

　知的障がい者支援信託では、原則自己信託を利用しません。

　例外的に、信託設定を先行させる特別な事情があり、後継受託者がいる場合にのみ利用を検討します。

　例えば、高齢である親の健康上の理由で、信託設定を急ぐ事情があるにもかかわらず、受託者が確定しない場合に、自己信託で設定を先行し、設定後に受託者を確定させる場合が考えられます。

1　「固有財産」とは、受託者に属する財産であって、信託財産に属する財産でない一切の財産をいいます（信託法2条8項）。

6 信託財産

（1）信託財産

ア 定義

　受託者に属する財産であって、信託により管理又は処分をすべき一切の財産です。（信託法2条3項）

　形式的には受託者に属しますが、信託財産から生じる利益は受益者が受けるので、実質的には受益者に属します。

イ 受託者の義務と権限

　受託者は、信託財産に属する財産の管理又は処分及びその他の信託の目的の達成のために必要な行為をすべき義務を負う（信託法2条5項）と同時に権限も有しますが、その権限に制限を加えることができます（信託法26条）。

（2）信託できる財産、信託できない財産

ア 信託できる財産

　次の要件をすべて満たすものです。
① 金銭的価値に見積もることができるもの
② 積極財産（プラスの財産）
③ 委託者の財産から分離して、管理・処分等が可能なもの

イ 信託できない財産

　次のものは信託することができません。
① 委託者の生命、身体、名誉等の人格権
② 債務等消極財産（マイナスの財産）

ウ 知的障がい者支援信託の財産

　主に金銭ですが、不動産も対象になります。

（3）信託財産の範囲

　信託行為において、信託財産に属すべきものと定められた財産のほか、信託財産に属する財産の管理、処分、滅失、損傷その他の事由により受託者が得た財産等も信託財産になります（信託法16条）。

　例えば、①賃貸不動産が信託財産である場合の賃料、売却代金、②金銭が信託財産である場合に購入した財産です。

7 信託財産の分別管理

（1）分別管理義務と方法

　信託財産は委託者から受託者に移転し、名義も移りますが、受託者は信託財産に属する財産と固有財産及び他の信託の信託財産に属する財産を分別して管理する義務があります（信託法34条1項）。

ア　信託の登記又は登録をすることができる財産

　登記又は登録をしなければ、権利の得喪及び変更を第三者に対抗することができない財産（例えば不動産）については、信託の登記又は登録をしなければ、当該財産が信託財産に属することを第三者に対抗することができません（信託法14条）。

　分別して管理する方法について、信託行為に別段の定めがあるときは、その定めるところによる（信託法34条1項ただし書）とされていますが、信託の登記又は登録をする義務は、免除することができません（信託法34条2項）。

イ　信託の登記又は登録をすることができない財産

　金銭は、その計算を明らかにする方法によって、分別して管理しなければなりません（信託法34条1項2号ロ）。

　実務では信託専用口座である受託者名義の信託口座を作ります。

　信託口座には、委託者、受託者の債権者が強制執行等をできないこと、破産財団等に属さないこと、委託者、受託者の死亡で口座が凍結されないことが求められます。現在、これらの機能を具備した完全な信託口座を提供してくれる金融機関はまだまだ少ない状態です。

（2）受託者の損失てん補責任等

　受託者が分別管理を怠ったことにより、信託財産に損失又は変更が生じた場合、受益者は受託者に対して、次の措置を請求する

ことができます（信託法 40 条 1 項）。
ア 信託財産に損失が生じた場合
　損失のてん補

イ 信託財産に変更が生じた場合
　原状の回復
　受託者は、分別管理をしたとしても損失又は変更が生じたことを証明しなければ、この責任を免れることはできません（信託法 40 条 4 項）。

8 信託財産責任負担債務

（1）定義
　受託者が信託財産に属する財産をもって履行する責任を負う債務のことを「信託財産責任負担債務」といいます（信託法2条9項）。

（2）範囲
　次のア〜ケの権利に係る債務は、信託財産責任負担債務となります（信託法21条1項）。

ア　受益債権
　受益権のうち、信託行為に基づいて、受託者が受益者に対し負う債務であって、信託財産に属する財産の引渡しその他の信託財産に係る給付をすべきものに係る債権です（信託法2条7項）。
　受益債権に係る債務について、受託者は信託財産に属する財産のみをもって、これを履行する責任を負います（信託法21条2項1号、100条）。

イ　信託財産に属する財産について信託前の原因によって生じた権利
　例　信託前に抵当権の設定されている不動産が、信託財産となった場合における、その抵当権です。

ウ　信託前に生じた委託者に対する債権であって、当該債権に係る債務を信託財産責任負担債務とする旨の信託行為の定めがあるもの
　例　不動産を信託財産とした場合に、信託行為の定めにより、受託者が不動産に係る借入金債務を信託財産責任負担債務として引き受けることとした委託者の債務です。受託者が債務引受けを行えば、その債務は信託財産から返済することができます。

エ　受益権取得請求権
　　重要な信託の変更等により、損害を受けるおそれのある受益者
　が受託者に対して、受益権を取得することを請求できる権利です
　（信託法103条1項、2項）。

オ　信託財産のためにした行為であって、受託者の権限に属する
　ものによって生じた権利
例 信託行為の定めに基づいて、借入権限を与えられていた受託
　者が信託財産のために借入をした場合の貸金債権です。

カ　信託財産のためにした行為であって、受託者の権限に属しな
　いもののうち、①受益者が取り消すことのできない行為によっ
　て生じた権利、②受益者が取り消すことのできる行為であって
　も、取り消されていないものによって生じた権利（信託法27
　条1項、2項）

キ　受託者が第三者との間で行った、利益相反行為の制限の規定
　に違反した行為のうち、①受益者が取り消すことができない行
　為によって生じた権利、②受益者が取り消すことのできる行為
　であっても、取り消されていないものによって生じた権利（信
　託法31条6項、7項）

ク　受託者が信託事務を処理するについてした不法行為によって
　生じた権利

ケ　オからクのほか、信託事務の処理について生じた権利

（3）注意点
　　信託財産責任負担債務は「信託財産のみをもって履行する責任
　を負う債務」と誤解されがちですが、「信託財産のみをもって履行

する責任を負う債務」と「信託財産だけではなく、受託者の固有財産をもって履行する責任を負う債務」から構成されています。

（4）信託財産のみをもって履行する責任を負う債務

上記（2）の信託財産責任負担債務のうち、次の権利に係る債務は「信託財産のみをもって履行する責任を負う債務」となります（信託法21条2項）。

ア　受益債権

イ　限定責任信託における信託債権

「限定責任信託」とは、受託者が当該信託のすべての信託財産責任負担債務について、信託財産に属する財産のみをもってその履行の責任を負う信託をいいます（信託法2条12項）。

ただし、条件が厳しく、事務負担も大きいので、実務上は利用が難しい信託です。

ウ　上記アイのほか、信託法の規定により信託財産に属する財産のみをもって、その履行の責任を負うものとされる場合における信託債権

エ　信託債権者との間で、信託財産に属する財産のみをもって、その履行の責任を負う旨の合意がある場合における信託債権

個別に債権者と交渉する方法で、上記イ限定責任信託よりは実現可能性がありますが、それでも難しい方法です。

（5）固有財産をもって履行する責任を負う債務

上記（2）のうち、（4）以外の債務が該当します。

受託者は固有財産で債務の履行責任（無限責任）を負うので、受託者を引き受けるときには十分に理解しておく必要があります。

9　不動産を信託財産にするときの注意点

（1）金融機関の担保権の設定された不動産

ア　金融機関との契約

　不動産を信託財産にするとき、金融機関が抵当権などの担保権を設定している場合には注意が必要です。

　「担保権の設定されている不動産の所有権を移転するときには事前に金融機関の承諾が必要で、承諾なく所有権を移転した場合には借入金について期限の利益を失う」旨の契約をしていることが多いからです。

イ　金融機関への申出

　担保権の設定された不動産を信託するときに、金融機関の承諾なく実施することは可能です。

　金融機関も、債務の返済が滞りなく行われている間は、不動産登記簿謄本を定期的にチェックしていないと、気が付かない可能性があります。

　さらに、既存担保権が登記されている限り、信託による所有権の移転に優先するので、金融機関の担保権の維持という点では、状況は変わりません。

　だからといって承諾の申出をしなくていいわけではなく、申出をしないと金融機関の信用を失い、さまざまなリスクが生じるので、絶対に申出をするようにしてください。

ウ　債務引受け

　金融機関の承諾を得られても、既存の借入金については、受託者による債務引受けを求められることが多く、債務引受け後は受託者が返済義務を負うことになります。

借入金等消極財産は信託の対象となりませんが、受託者が債務引受けをすることで、実質的には消極財産も信託したのと同じ状態になります。

図表1-6　消極財産の債務引受け

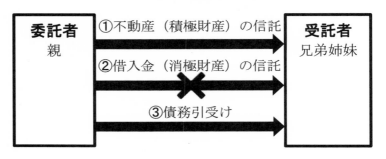

エ　免責的債務引受け

　当初の債務者である委託者が、債権者の同意を得ることで、その債務を負わなくなる受託者の債務引受けで、信託財産と受託者の固有財産を責任財産とします。

図表1-7　免責的債務引受け

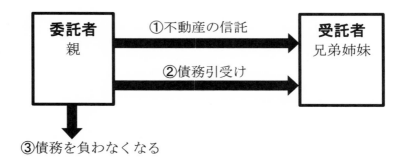

図表1-8　免責的債務引受けの前と後

【引受け前】

責任財産	
委託者の固有財産	信託財産

【引受け後】

✖	責任財産		
委託者の固有財産	信託財産	受託者の固有財産

オ　重畳的債務引受け

　当初の債務者である委託者が、引き続き債務を負う受託者の債務引受けです。債権者の同意は必要なく、委託者の固有財産、信託財産、受託者の固有財産を責任財産とします。

図表1-9　重畳的債務引受け

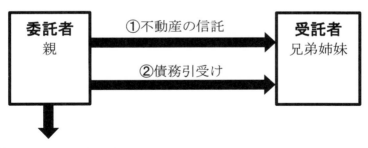

図表 1-10 重畳的債務引受けの前と後

【引受け前】

責任財産	
委託者の固有財産	信託財産

【引受け後】

責任財産		
委託者の固有財産	信託財産	受託者の固有財産

カ 免責的債務引受けと重畳的債務引受け

　金融機関においては、債務の負担者が追加される重畳的債務引受けの方が承諾しやすい事情があります。

　しかしながら、信託財産の状態、受託者の信用力により判断することが重要であり、委託者が過大な負担を負う必要はありません。

（2）信託登記制度

ア 信託登記制度

　不動産を信託財産にする場合、信託登記を行います。

　不動産については、信託の登記をしなければ、当該不動産が信託財産に属することを第三者に対抗することができません（信託法 14 条）し、信託の登記をする義務は免除することもできません（信託法 34 条 2 項）。

イ　登記事項の問題

　信託の登記の登記事項として、委託者、受託者、受益者及び受益者代理人の氏名及び住所、信託の目的、信託財産の管理方法、信託の終了の事由、その他の信託の条項等が法定されています（不動産登記法 97 条 1 項）。

　登記記録は公示され、見る気になれば誰でも見ることができるため、第三者が、信託の内容（知的障がい者が受益者）を知りえることになります。

　知的障がい者の氏名、住所、家族関係その他のプライバシーが公示されることへの抵抗感だけでなく、詐欺その他の犯罪に利用されることもありうるため、登記制度をよく理解しておく必要があります。

ウ　信託の内容を秘匿する方法

　上記イに対して、信託の内容を一部秘匿できる方法があります。

① 受益者の氏名及び住所

　受益者代理人を選任し、その氏名又は名称及び住所を登記したときは、受益者の氏名及び住所を登記することを要しません（不動産登記法 97 条 2 項）。これは、知的障がい者支援信託において、原則受益者代理人を選任する理由の一つになります。

　なお、受益者の氏名及び住所以外は登記事項に変わりなく、委託者、受託者の氏名及び住所は公示されるので、受益者が同居している場合には、結果的に住所を秘匿することはできません。

② 信託契約公正証書の条項の引用

　「令和○○年○○月○○日東京法務局所属公証人○○作成にかかる令和○○年第○○号不動産等管理処分信託契約公正証書第○○条記載のとおり」とすることで、具体的な内容を登記記録に記載しないこともできます。

10　受託者

（1）定義
　受託者は、信託の事務を遂行する者で「信託行為の定めに従い、信託財産に属する財産の管理又は処分及びその他の信託の目的の達成のために必要な行為をすべき義務を負う者をいう」と定義されています（信託法2条5項）。

（2）受託者候補
　知的障がい者支援信託では、兄弟姉妹、親族、親の友人等が候補になりますが、信託を動かしていく主役なので、誰を受託者にするのかが最も重要になります。
　受託者には権限が与えられる一方、信認義務、責任、倫理観、事務処理能力等が求められ、信託の成否は受託者次第となります。
　このような書き方をすると、受託者になることを躊躇する人もいますが、ここで信託を諦めないようにしたいものです。

（3）受託者の資格
　未成年者に該当する場合（信託法7条）又は信託業法が適用になる場合を除いて資格制限はなく、個人のみならず法人も受託者になれます。

（4）個人受託者
ア　個人受託者の限界
　受託者の死亡、後見開始又は保佐開始の審判、破産手続開始の決定を受けたこと等で受託者の任務は終了します（信託法56条1項）。
　受託者が欠けた場合であって、新受託者が就任しない状態が1年間継続したときに、信託は終了になります（信託法163条3号）。
　信託期間が長期間になるため、個人受託者は後継受託者を定め

ておきます。

イ　専門職
　信託業（信託の引受けを行う業）は、内閣総理大臣の免許又は登録を受けた者でなければ、営むことができない（信託業法2条1項、3条、7条1項）と定められているので、専門職が営利の目的を持って、反復継続して信託を引き受けること（受託者になること）は、信託業法に抵触する可能性が高いと考えられています。
　成年後見制度において、専門職が業として、成年後見人、保佐人、補助人、任意後見人を引き受けることができるのと、ルールが異なります。
　なお、専門職が業として受託者になることは難しいのですが、受益者代理人、信託監督人への就任や、信託事務の処理を専門職に委託する（信託法28条）ことは可能です。

（5）法人受託者
ア　法人受託者のメリット
　個人受託者の死亡、後見・保佐開始による受託者任務の終了事由を回避できます。

イ　信託業法の規制
　法人受託者は、信託業法の規制を考慮しなければなりません。
　信託業は、内閣総理大臣の免許又は登録を受けた者でなければ営むことができないので、免許又は登録を受けていないほとんどの株式会社、社会福祉法人、ＮＰＯ法人は信託業を営むことはできません（営利の目的を持ち、反復継続して受託者になれないということ）。
　例外　株式会社が、営利を目的としない1件だけの信託受託を可とする考えもあります。ただし、営利を目的とする株式会社の定

款に、非営利の目的を定めることは認められない可能性があります（認められなかった場合には信託の受託はできません）。

ウ　一般社団法人
　実務上、次の理由で一般社団法人が利用されています。
① 設立が容易
② 事業に制限がなく「信託業法に抵触しない信託の受託」を定款の目的に定めることができるので「営利の目的を持たず、反復継続しない信託の引受け」を行うことに問題がない [1]

エ　一般社団法人の概要
① 一般社団法人の定義
　「一般社団法人及び一般財団法人に関する法律」に基づいて設立された社団法人のことをいい、設立の登記をすることによって成立する法人です。

② 設立方法
　(a) 定款を作成し、公証人の認証を受けます。
　(b) 設立時理事の選任を行います。
　(c) 設立時理事が設立手続の調査を行います。
　(d) 法人を代表すべき者（設立時理事又は設立時代表理事）が、法定の期限内に、主たる事務所の所在地を管轄する法務局又は地方法務局に設立の登記の申請を行います。

③ 社員
　設立に当たっては2人以上の社員が必要になります。

---

[1] 一般社団法人は、内閣総理大臣の免許又は登録を与えられないため、「営利の目的を持ち、反復継続して信託を引き受けること」は信託業法に抵触します。

設立後に社員が1人だけになっても解散しませんが，社員が欠けた場合（0人となった場合）には解散することになります。

④ 定款への記載事項
　次の(a)から(g)までに掲げる事項を記載しなければならないこととされています。
　(a) 目的
　(b) 名称
　(c) 主たる事務所の所在地
　(d) 設立時社員の氏名又は名称及び住所
　(e) 社員の資格の得喪に関する規定
　(f) 公告方法
　(g) 事業年度

⑤ 定款に記載しても効力を有しないこととされている事項
　社員に剰余金又は残余財産の分配を受ける権利を与える旨の定めは効力を有しないこととされています。

⑥ 機関
　(a) 社員総会
　　最高意思決定機関で、社員の議決権は1人1議決権です。

　(b) 理事
　　業務執行機関としての理事を少なくとも1人は置かなければなりません（社員との兼任可）。

⑦ 事業の制限
　事業に制限はありません。
　公益的な事業、共益的な事業（構成員に共通する利益を図ることを目的とする事業）、収益事業を行うことができます。

⑧ 解散

　次の(a)から(g)までの場合に解散することとされています。

(a) 定款で定めた存続期間の満了

(b) 定款で定めた解散の事由の発生

(c) 社員総会の決議

(d) 社員が欠けたこと

(e) 当該一般社団法人が消滅する合併をしたとき

(f) 破産手続開始の決定があったとき

(g) 解散命令又は解散の訴えによる解散を命ずる裁判があった
とき

11　受託者の権限

（1）権限
ア　権限の範囲
　受託者は、信託財産に属する財産の管理又は処分及びその他の信託の目的の達成のために必要な行為をする権限を持ちますが、信託行為によりその権限に制限を加えることもできます（信託法26条）。

イ　権限違反行為の取消し
　受託者が権限違反行為をした場合、要件を満たすときは、受益者は当該行為を取り消すことができます（信託法27条）。

（2）信託事務の第三者への委託
ア　第三者への委託
　受託者は、信託事務の処理を第三者に委託することができます（信託法28条）。

イ　選任義務
　受託者は、信託の目的に照らして適切な者に委託しなければなりません（信託法35条1項）。

ウ　監督義務
　受託者は委託した第三者に対し、信託の目的の達成のために必要かつ適切な監督を行わなければなりません（信託法35条2項）。

エ　受託者の損失てん補責任等
　受託者が、事務の第三者への委託の規定に違反した場合に、信託財産に損失又は変更を生じたときは、損失のてん補又は原状の回復をする責任を免れることができません（信託法40条2項）。

12　受託者の利益享受の禁止と義務

（1）利益享受の禁止

　受託者は、受益者として信託の利益を享受する場合を除き、信託の利益を享受することができません（信託法8条）。

　また、専ら受託者の利益を図る目的は、信託の目的から除きます（信託法2条1項）。

（2）義務

　受託者は、権限を自由に行使できるわけではなく、濫用を防止し、信託目的に合うものになるように、義務が課せられています。

ア　信託事務遂行義務

　受託者は、形式的に事務処理するのではなく、信託の本旨（委託者の意図）に従い、信託事務をしなければなりません（信託法29条1項）。

イ　善管注意義務

　受託者は、善良な管理者の注意（自分の財産よりも一層大切に管理すべき注意）をもって、信託事務をしなければなりません。

　ただし、信託行為に別段の定めがあるときは、その定めるところによる注意をもって、これをするものとします（信託法29条2項）。

ウ　忠実義務

　受託者は、受託者自身や委託者のためではなく、受益者のために忠実に信託事務の処理、その他の行為をしなければなりません（信託法30条）。

　このことから、利益相反行為と競合行為について、以下のように定められています。

① 利益相反行為

　受託者は、次に掲げる行為をしてはなりません（信託法31条1項）。

(a) 信託財産に属する財産を受託者の固有財産に帰属させること

(b) 受託者の固有財産に属する財産を信託財産に帰属させること

(c) 信託財産に属する財産を他の信託の信託財産に帰属させること

(d) 第三者との間において、信託財産のためにする行為であって、受託者が当該第三者の代理人となって行うもの

(e) 受託者が、固有財産のみで履行する責任を負う債務の担保として信託財産を提供すること

(f) その他第三者との間において、信託財産のためにする行為であって、受託者又はその利害関係人と受益者との利益が相反することとなるもの

② 競合行為

　受託者は、受託者として有する権限に基づいて、信託事務の処理としてすることができる行為であって、これをしないことが受益者の利益に反するものについては、これを固有財産又は受託者の利害関係人の計算でしてはなりません（信託法32条1項）。

例 受託者が信託事務によって行わなければならない有価証券の購入について、その機会を奪い取って、受託者が自分のための取引として行ったところ、有価証券の価格が値上がりしたために利益を得た場合

エ　公平義務

　受益者が二人以上ある信託においては、受託者は、受益者のために公平にその職務を行わなければなりません（信託法33条）。

オ　分別管理義務

　受託者は、信託財産に属する財産と受託者の固有財産及び他の信託の信託財産に属する財産とを、分別して管理しなければなりません（信託法34条）。

例1　金銭は、その計算を明らかにする方法とされ、実務では、信託口座を開設します。

例2　不動産は信託の登記を行います。

カ　信託事務の処理の委託における、第三者の選任及び監督に関する義務

　受託者は信託の目的に照らして適切な者に委託しなければなりません（信託法35条1項）。

　受託者は委託した第三者に対し、信託の目的の達成のために必要かつ適切な監督を行わなければなりません（信託法35条2項）。

キ　信託事務の処理の状況についての報告義務

　委託者又は受益者は、受託者に対し、信託事務の処理の状況並びに信託財産に属する財産及び信託財産責任負担債務の状況について報告を求めることができます（信託法36条）。

ク　帳簿等の作成等、報告及び保存の義務

① 信託帳簿の作成（信託法37条1項）
② 毎年一回、一定の時期に財産状況開示資料を作成し、受益者に報告（信託法37条2項、3項）
③ ①②の書類、信託事務の処理に関する書類等の一定期間保存（信託法37条4項、5項、6項）

ケ　帳簿等の閲覧等の請求

　受益者は、受託者に対して、信託帳簿、信託事務の処理に関す

る書類の閲覧又は謄写の請求ができます（信託法 38 条 1 項）。

　受託者は、一定の場合を除き、これを拒むことができません（信託法 38 条 2 項）。

13 受託者の責任等

（１）受託者の損失てん補責任等

ア　受託者がその任務を怠ったことにより、信託財産に損失又は変更が生じたとき

　受益者は、受託者に対して次の措置を請求することができます（信託法40条1項）。

① 信託財産に損失が生じた場合

　損失のてん補

② 信託財産に変更が生じた場合

　原状の回復

　ただし、②原状の回復の措置にあっては、原状の回復が著しく困難であるとき、原状の回復をするのに過分の費用を要するとき、その他受託者に原状の回復をさせることを不適当とする特別の事情があるときは、この限りではありません（信託法40条1項）。

イ　受託者が、信託事務の第三者への委託の規定に違反して、信託事務の処理を第三者に委託した場合において、信託財産に損失又は変更が生じたとき

　受託者は、第三者に委託をしなかったとしても損失又は変更が生じたことを証明しなければ、損失のてん補又は原状の回復をする責任を免れることができません（信託法40条2項）。

ウ　受託者が、分別管理義務の規定に違反して、信託財産に属する財産を管理した場合において、信託財産に損失又は変更が生じたとき

　受託者は、分別管理義務の規定に従い、分別して管理をしたとしても損失又は変更が生じたことを証明しなければ、損失のてん補又は原状の回復をする責任を免れることができません（信託法

40条4項）。

エ　受益者による損失てん補責任等の免除
　　受益者は、上記ア～ウの責任を免除することができます（信託法42条）

（2）法人である受託者の役員の連帯責任
　　法人である受託者の理事、取締役若しくは執行役又はこれらに準ずる者は、当該法人が損失てん補責任等を負う場合において、当該法人が行った法令又は信託行為の定めに違反する行為につき悪意又は重大な過失があるときは、受益者に対し、当該法人と連帯して、損失のてん補又は原状の回復をする責任を負います（信託法41条）。
　　なお、受益者は上記責任を免除することができます（信託法42条）

（3）受益者による受託者の行為の差止め
　　次の①②の場合には、受益者（②の場合は当該一部の受益者）は、受託者に対し、当該行為をやめることを請求することができます（信託法44条）。
① 受託者が法令若しくは信託行為の定めに違反する行為をし、又はこれらの行為をするおそれがある場合において、当該行為によって信託財産に著しい損害が生じるおそれがあるとき
② 受託者が公平義務に違反する行為をし、又はこれをするおそれがある場合において、当該行為によって一部の受益者に著しい損害が生じるおそれがあるとき

（4）検査役の選任
　　受託者の信託事務の処理に関し、不正の行為又は法令若しくは信託行為の定めに違反する重大な事実があることを疑うに足りる

事由があるときは、受益者は、信託事務の処理の状況並びに信託財産に属する財産及び信託財産責任負担債務の状況を調査させるため、裁判所に対し、検査役の選任の申立てをすることができます（信託法 46 条 1 項）。

14 受託者の費用等及び信託報酬等

（1）信託事務を処理するのに必要な費用の支出
ア　原則
　信託財産から直接支払われます。

イ　受託者が固有財産から支出した場合
　受託者は、信託財産から当該費用及び支出の日以後におけるその利息の償還を受けることができます。ただし、信託行為に別段の定めがあるときは、その定めるところによります。（信託法48条1項）。
　受託者は、受益者との合意に基づいて、受益者から費用及び支出の日以後におけるその利息の償還を受けることができます（信託法48条5項）。

ウ　受託者が費用の前払を受ける場合
　受託者は、信託財産から費用の前払を受けることができます。ただし、信託行為に別段の定めがあるときは、その定めるところによります（信託法48条2項）。
　受託者は、受益者との合意に基づいて、受益者から費用の前払を受けることができます（信託法48条5項）。

（2）信託財産が費用等の償還等に不足している場合の措置
　受託者は、信託財産から費用等の償還又は費用の前払を受けるのに、信託財産が不足している場合において、委託者及び受益者に対し次の①②を通知し、②の相当の期間を経過しても委託者又は受益者から費用等の償還又は費用の前払を受けなかったときは、信託を終了させることができます（信託法52条1項）。

① 信託財産が不足しているため、費用等の償還又は費用の前払を受けることができない旨
② 受託者の定める相当の期間内に、委託者又は受益者から費用等の償還又は費用の前払を受けないときは、信託を終了させる旨

（3）受託者の信託報酬

　信託事務の処理の対価として、受託者の受ける利益を信託報酬といいます。

　受託者は、信託行為に受託者が信託財産から信託報酬を受ける旨の定めがある場合に限り、信託財産から信託報酬を受けることができます（信託法54条1項）。

　信託法で報酬額の定めはありませんが、家庭裁判所が決定する成年後見人等の報酬と異なり、委託者と受託者の間で決めることができます。

　成年後見人等の報酬額を参考にすることが多いようですが、度を越えた高額にすると、税務上、贈与とみなされることがあります。逆に、受託者が兄弟姉妹等の場合は報酬額を抑え、無報酬とすることも可能です。

15　受託者の変更等

（1）任務の終了事由
　受託者の任務は次に掲げる事由によって終了します（信託法56条）。ただし、③又は④の場合には信託行為に別段の定めがあるときは、その定めるところによります。
① 信託の清算の結了
② 受託者である個人の死亡
③ 受託者である個人が後見開始又は保佐開始の審判を受けたこと
④ 受託者が破産手続開始の決定を受けたこと
⑤ 受託者である法人が合併以外の理由により解散したこと
⑥ 受託者の辞任
⑦ 受託者の解任
⑧ 信託行為において定めた事由

（2）新受託者の選任
　信託行為に新受託者に関する定めがあり、その定められた者が就任の承諾をした場合には新受託者となります。
　信託行為に新受託者に関する定めがないとき等においては、委託者及び受益者は、その合意により、新受託者を選任することができます（信託法62条1項）。
　また、必要があると認められるときは、裁判所は、利害関係人の申立てにより、新受託者を選任することができます（信託法62条4項）。

（3）新受託者の就任の催告
　利害関係人は、新受託者となるべき者として指定された者に対し、相当の期間を定めて、その期間内に就任の承諾をするかどうかを確答すべき旨を催告することができます（信託法62条2項）。

就任の承諾をしないこともでき、期間内に委託者及び受益者に
対し確答をしないときは、就任の承諾をしなかったものとみなし
ます（信託法62条3項）。

16 受益者

（1）定義
ア 受益者
　「受益者」とは受益権を有する者です（信託法2条6項）。
　信託から生じる経済的利益を享受する信託財産の実質的な所有者で知的障がい者がなります。

イ 受益権
　「受益権」とは、次の①②の権利です（信託法2条7項）。
① 信託行為に基づいて、受託者が受益者に対し負う債務であって、信託財産に属する財産の引渡しその他の信託財産に係る給付をすべきものに係る債権（受益債権）
② ①を確保するために、信託法の規定に基づいて、受託者その他の者に対し一定の行為を求めることができる権利

（2）受益者の資格
　受益者には資格の定めがありません。
　未成年者や判断能力を喪失している者であっても受益者になることができます。

（3）受益権の取得
ア 当然に受益権を取得
　信託行為の定めにより、受益者となるべき者として指定された知的障がい者は当然に受益権を取得し、承諾は必要ありません（信託法88条1項）。

イ 贈与との比較
　贈与は、当事者の一方がある財産を無償で相手方に与える意思を表示し、相手方が受諾をすることによって、その効力を生じま

す（民法549条）。

（4）受益者の権利行使の制限の禁止

　受益者の権利には「受託者を監督する権利」と「意思決定に係る権利」がありますが、「受託者を監督する権利」の行使は、信託行為の定めにより制限することができません（信託法92条）。

（5）受益権の譲渡

　受益者は、その有する受益権を譲り渡すことができます。ただし、その性質がこれを許さないときは、この限りでありません（信託法93条1項）。知的障がい者支援信託では受益権の譲渡を禁止する旨を定めます。

（6）受益権取得請求権
ア　重要な信託の変更等
① 信託の目的の変更
② 受益権の譲渡の制限に係る変更
③ 受託者の義務の全部又は一部の減免に係る変更
④ 受益債権の内容の変更
⑤ 信託行為において定めた事項に係る変更
⑥ 信託の併合又は信託の分割

イ　受益権取得請求
　「重要な信託の変更等」により損害を受けるおそれのある受益者は「重要な信託の変更等」の意思決定に関与し、賛成する旨の意思を表示したときを除き、受託者に対し、自己の有する受益権を公正な価格で取得することを請求することができます。
　ただし、①信託の目的の変更、②受益権の譲渡の制限に係る変更がされる場合には、損害を受けるおそれのあることを要しません（信託法103条1項、2項、3項）。

17 委託者

（1）定義
　「委託者」とは、信託契約、遺言及び自己信託の方法により信託をする者です（信託法2条4項）。

　信託財産のもともとの所有者で、信託の発起人となりますが、信託の発効後に、財産の管理・処分権限等は受託者に移り、信託財産に係る給付を受ける権利は受益者に移ります。

　知的障がい者支援信託では主に親を想定しますが、祖父母、兄弟姉妹等が委託者になることもできます。

（2）委託者の資格
　委託者には資格の定めがありません。

（3）権利能力、意思能力、行為能力、遺言能力
　委託者の権利能力、意思能力、行為能力、遺言能力を考慮します。親が認知症や病気でこれらの能力を失ってしまうと、信託設定が難しくなります。

ア　権利能力
　権利、義務の主体となることができる資格です（民法3条）。

イ　意思能力
　行為の結果を判断するに足るだけの精神能力で、法律行為の当事者が意思表示をした時に、意思能力を有しなかったときは、その法律行為は無効になります（民法3条の2）。

ウ　行為能力
　単独で有効な法律行為をすることができる能力ないし資格のことです。未成年者、成年被後見人、被保佐人、被補助人は行為能

力の制限によって保護されます（民法4条、5条、6条、7条、8条、9条、11条、12条、13条、15条、16条、17条）。

エ　遺言能力
　　遺言の内容を理解し判断する能力で、遺言者は遺言をする時においてその能力を有しなければなりません（民法963条）。

（4）軽度知的障がい者
　　契約締結能力のある軽度知的障がい者が、委託者となり信託を設定できることがあります。
　　ただし、次の能力確認チェックで否と判断されると信託設定が難しくなります。
① 専門職によるチェック
② 公正証書を作成する公証人によるチェック
③ 信託口座を開設する金融機関のチェック

（5）未成年者である知的障がい者
　　未成年者である知的障がい者は、親権者に代理してもらい、信託契約を締結することで、委託者になることができます。

18 委託者の権利等

（1） 委託者の権利
ア 権利を有しない旨の定め
　信託行為においては、委託者が信託法の規定による権利の全部又は一部を有しない旨を定めることができます（信託法 145 条 1 項）。

イ 信託行為において、委託者が有する旨を定めることができる権利
　通常は受益者が有し、委託者に認められていない権利について、信託行為において、委託者が有する旨を定めることができます（信託法 145 条 2 項）。
① 違法な信託財産への強制執行等に対して、異議を主張する権利（信託法 23 条 5 項、6 項）
② 受託者の権限違反行為の取消権（信託法 27 条 1 項、2 項）前受託者の権限違反行為の取消権（信託法 75 条 4 項）
③ 受託者の利益相反行為の取消権（信託法 31 条 6 項、7 項）
④ 受託者の競合行為に対する介入権（信託法 32 条 4 項）
⑤ 信託帳簿、信託事務の処理に関する書類等の閲覧又は謄写の請求権（信託法 38 条 1 項）
⑥ 受託者に対する損失のてん補又は原状の回復の請求権（信託法 40 条 1 項）
⑦ 法人である受託者の役員に対する損失のてん補又は原状の回復の請求権（信託法 41 条）
⑧ 受託者の違反行為の差止めの請求権（信託法 44 条）
⑨ 検査役の選任の申立権（信託法 46 条 1 項）
⑩ 前受託者による信託財産の処分の差止めの請求権（信託法 59 条 5 項）

⑪ 前受託者の相続人等又は破産管財人による信託財産の処分の差止めの請求権（信託法60条3項、5項）

ウ　信託行為において、受託者が義務を負う旨を定めることができるもの

通常は受託者が受益者に対して負う義務について、信託行為において、委託者に対しても負う旨を定めることができます（信託法145条4項）。

① 受託者が受益者に対し通知すべき事項を委託者に対しても通知する義務（信託法31条3項等）
② 受託者が受益者に対し報告すべき事項を委託者に対しても報告する義務（信託法37条3項）
③ 前受託者がする計算の承認を委託者に対しても求める義務（信託法77条1項）
④ 清算受託者がする計算の承認を委託者に対しても求める義務（信託法184条1項）

（2）委託者の地位の移転

委託者の地位は、次のいずれかの方法で、第三者に移転することができます（信託法146条1項）。

① 受託者及び受益者の同意
② 信託行為に定めた方法

（3）委託者の相続人

遺言信託では、信託行為に別段の定めがあるときを除いて、委託者の相続人は、委託者の地位を相続により承継しません（信託法147条）。一方、信託契約の場合は信託法に規定がないので、委託者の相続人は、委託者の地位を相続により承継すると解釈されています。実務上、委託者の地位を相続により承継すべきかどうかは、いい面もそうでない面もあるので個別対応となります。

19 信託監督人の選任、資格、就任の催告

（1）信託監督人の選任

　信託監督人は、受益者のために受託者を監視・監督する者で、受益者自身で受託者を監視・監督することが困難な場合などに選任します。信託行為においては、受益者が現存する場合に信託監督人となるべき者を指定する定めを設けることができます（信託法131条1項）。

　受益者が、受託者の監督を適切に行うことができない特別の事情がある場合において、信託行為に信託監督人に関する定めがないとき、又は信託行為の定めにより信託監督人となるべき者として指定された者が就任の承諾をせず、若しくはこれをすることができないときは、裁判所は、利害関係人の申立てにより、信託監督人を選任することができます（信託法131条4項）。

（2）信託監督人の資格

　次に掲げる者は、信託監督人となることができません（信託法137条、124条準用）。
① 未成年者
② 当該信託の受託者
　①②以外の者は個人、法人を問わず信託監督人になることができます。

（3）信託監督人の就任の催告

　利害関係人は、信託監督人となるべき者として指定された者に対し、相当の期間を定めて、その期間内に就任の承諾をするかどうかを確答すべき旨を催告することができます（信託法131条2項）。就任を承諾しないこともでき、期間内に委託者（委託者が現存しない場合にあっては受託者）に対し確答をしないときは、就任の承諾をしなかったものとみなします（信託法131条3項）。

20 信託監督人の権限、義務、費用等及び報酬

（1）信託監督人の権限

　信託行為に別段の定めがあるときを除き、受益者のために自己の名をもって、受託者を監督する権利（一部除外）に関する一切の裁判上又は裁判外の行為をする権限を有します（信託法 132 条 1 項、92 条）。

　なお、この権限を信託監督人が持つ場合でも、受益者もこれらの権利を有し、単独で行使することができます。

（2）信託監督人の義務

　次の、義務を負います。
① 善管注意義務（信託法 133 条 1 項）
② 誠実公平義務（信託法 133 条 2 項）

（3）費用等及び報酬

ア　費用の請求

　その事務を処理するのに必要と認められる費用及び支出の日以後におけるその利息を受託者に請求することができます（信託法 137 条、127 条 1 項準用）。

イ　損害賠償の請求

　次の場合には、受託者にその損害賠償を請求することができます（信託法 137 条、127 条 2 項準用）。
① 信託監督人がその事務を処理するため、自己に過失なく損害を受けた場合
② 信託監督人がその事務を処理するため、第三者の故意又は過失によって損害を受けた場合

ウ　報酬の請求

　信託行為に信託監督人が報酬を受ける旨の定めがある場合に限り、受託者に報酬を請求することができます（信託法 137 条、127 条 3 項準用）。

　報酬の額は、信託行為に報酬の額又は算定方法に関する定めがあるときはその定めるところにより、その定めがないときは相当の額とします（信託法 137 条、127 条 5 項準用）。

エ　受託者の履行責任

　上記アからウの信託監督人からの請求に係る債務については、受託者は信託財産に属する財産のみをもって履行する責任を負います（信託法 137 条、127 条 4 項準用）。

21 信託監督人の任務等の終了、新信託監督人の選任

（1）任務の終了、事務の処理の終了
ア 任務の終了事由
　信託監督人の任務は、次に掲げる事由によって終了します（信託法 134 条、56 条準用）。
　ただし、③又は④に掲げる事由による場合にあっては、信託行為に別段の定めがあるときは、その定めるところによります。
① 信託の清算が結了した場合
② 信託監督人である個人の死亡
③ 信託監督人である個人が後見開始又は保佐開始の審判を受けたこと
④ 信託監督人が破産手続開始の決定を受けたこと
⑤ 信託監督人である法人が合併以外の理由により解散したこと
⑥ 信託監督人の辞任
⑦ 信託監督人の解任
⑧ 信託行為において定めた事由

イ 事務の処理の終了事由
　信託監督人による事務の処理は、次に掲げる事由により終了します（信託法 136 条）。ただし、②に掲げる事由による場合にあっては、信託行為に別段の定めがあるときは、その定めるところによります。
① 信託の清算の結了
② 委託者及び受益者が信託監督人による事務の処理を終了する旨の合意をしたこと
③ 信託行為において定めた事由

（２）新信託監督人の選任

　信託行為に新信託監督人に関する定めがあり、その定められた者が就任の承諾をした場合には、新信託監督人となります。

　信託行為に新信託監督人に関する定めがないとき、又は新信託監督人となるべき者として指定された者が引受けをせず、若しくは引受けをすることができないときは、委託者及び受益者はその合意により、新信託監督人を選任することができます（信託法135条1項、62条1項準用）。

　また、必要があると認めるときは、裁判所は、利害関係人の申立てにより、新信託監督人を選任することができます（信託法135条1項、62条4項準用）。

22　受益者代理人の選任、資格、就任の催告

（1）受益者代理人の選任

　受益者代理人は、その代理する受益者のために受益者の権利を行使する者で、受益者が意思表示をするのが難しい場合、受託者を監督することが困難な場合、複数の受益者の権利を統一行使したい場合等に選任します。

　信託行為においては、その代理する受益者を定めて、受益者代理人となるべき者を指定する定めを設けることができます（信託法 138 条 1 項）。

　なお、受益者代理人は、信託行為に定めがないと選任できません。信託監督人は、信託行為に信託監督人に関する定めがないときでも、利害関係人の申立てにより、裁判所が選任することができるのと異なります。

（2）受益者代理人の資格

　次に掲げる者は、受益者代理人となることができません（信託法 144 条、124 条準用）。
① 未成年者
② 当該信託の受託者
　①②以外の者は個人、法人を問わず受益者代理人になることができます。

（3）受益者代理人の就任の催告

　利害関係人は、受益者代理人となるべき者として指定された者に対し、相当の期間を定めて、その期間内に就任の承諾をするかどうかを確答すべき旨を催告することができます（信託法 138 条 2 項）。就任を承諾しないこともでき、期間内に委託者（委託者が現存しない場合にあっては受託者）に対し確答をしないときは、就任の承諾をしなかったものとみなします（信託法 138 条 3 項）。

23　受益者代理人の権限、義務、費用等及び報酬

（1）受益者代理人の権限

　信託行為に別段の定めがあるときを除き、その代理する受益者のために当該受益者の権利（責任の免除に係るものを除く）に関する一切の裁判上又は裁判外の行為をする権限を有します（信託法139条1項、42条）。

　受益者代理人に代理される受益者は、受託者を監督する権利及び信託行為において定めた権利を除き、その権利を行使することができません（信託法139条4項、92条）。

（2）受益者代理人の義務

　次の義務を負います。
① 善管注意義務（信託法140条1項）
② 誠実公平義務（信託法140条2項）

（3）費用等及び報酬

ア　費用の請求

　その事務を処理するのに必要と認められる費用及び支出の日以後におけるその利息を受託者に請求することができます（信託法144条、127条1項準用）。

イ　損害賠償の請求

　次の場合には、受託者にその損害賠償を請求することができます（信託法144条、127条2項準用）。
① 受益者代理人がその事務を処理するため、自己に過失なく損害を受けた場合
② 受益者代理人がその事務を処理するため、第三者の故意又は過失によって損害を受けた場合

ウ　報酬の請求

　信託行為に受益者代理人が報酬を受ける旨の定めがある場合に限り、受託者に報酬を請求することができます（信託法144条、127条3項準用）。

　報酬の額は、信託行為に報酬の額又は算定方法に関する定めがあるときはその定めるところにより、その定めがないときは相当の額とします（信託法144条、127条5項準用）。

エ　受託者の履行責任

　上記アからウの受益者代理人からの請求に係る債務については、受託者は、信託財産に属する財産のみをもって履行する責任を負います（信託法144条、127条4項準用）。

24 受益者代理人の任務等の終了、新受益者代理人の選任

（1）任務の終了、事務の処理の終了

ア 任務の終了事由

　受益者代理人の任務は、次に掲げる事由によって終了します（信託法141条、56条準用）。

　ただし、③又は④に掲げる事由による場合にあっては、信託行為に別段の定めがあるときは、その定めるところによります。

① 信託の清算が結了した場合
② 受益者代理人である個人の死亡
③ 受益者代理人である個人が後見開始又は保佐開始の審判を受けたこと
④ 受益者代理人が破産手続開始の決定を受けたこと
⑤ 受益者代理人である法人が合併以外の理由により解散したこと
⑥ 受益者代理人の辞任
⑦ 受益者代理人の解任
⑧ 信託行為において定めた事由

イ 事務の処理の終了事由

　受益者代理人による事務の処理は、次に掲げる事由によって終了します（信託法143条）。ただし、②に掲げる事由による場合にあっては、信託行為に別段の定めがあるときは、その定めるところによります。

① 信託の清算の結了
② 委託者及び受益者代理人に代理される受益者が受益者代理人による事務の処理を終了する旨の合意をしたこと
③ 信託行為において定めた事由

（2）新受益者代理人の選任

　信託行為に、新受益者代理人に関する定めがあり、その定められた者が就任の承諾をした場合には、新受益者代理人となります。

　信託行為に新受益者代理人に関する定めがないとき、又は新受益者代理人となるべき者として指定された者が引受けをせず、若しくは引受けをすることができないときは、委託者及び受益者は、その合意により、新受益者代理人を選任することができます（信託法142条1項、62条1項準用）。

　また、必要があると認められるときは、裁判所は、委託者又は受益者代理人に代理される受益者の申立てにより、新受益者代理人を選任することができます（信託法142条1項、62条4項準用）。

25　信託監督人、受益者代理人の選任基準

（1）選任基準
ア　受益者代理人
　知的障がい者支援信託では、原則、受益者代理人を選任します。
　信託監督人は、受託者の監督に係る権利を有していますが、受益者代理人は、受託者の監督に係る権利に加えて、信託に関する意思決定に係る権利を有しています。
　したがって、受益者代理人を選任すれば、信託監督人を選任しなくても済みます。

図表 1-11 受益者代理人と信託監督人の権利

	受益者代理人	信託監督人
受託者の監督に係る権利	○	○
信託に関する意思決定に係る権利	○	×

イ　受益者代理人を選任しない場合
　受託者の能力や信頼性が一定水準以上で、信託財産の管理の難易度が高くない場合には、受益者代理人を選任しないこともありますが、かなり例外的な扱いになります。

（2）受益者代理人の注意事項
ア　信託行為の定め
　信託監督人は、信託行為に信託監督人に関する定めをしていなくても、信託の変更又は裁判所による選任が可能ですが、受益者代理人は、信託行為に定めがないと選任できません。

イ　受益者の権限の制限

　受益者代理人に代理される受益者（知的障がい者）は、受託者を監督する権利及び信託行為において定めた権利を除き、その権利を行使することができません。

（3）専門職の選任

　受益者代理人には、親族を選任することも可能ですが、信託を十分に理解していないとその役割を果たせません。

　専門職には報酬が発生するものの、受託者の指導、相談者の役割も期待できるので、専門職の選任を推奨します。

26 他益信託

（1）他益信託と自益信託
　信託には他益信託と自益信託の２種類がありますが、知的障がい者支援信託では、個別事情に応じてどちらも選択できます。

（2）他益信託
　信託設定時に**委託者（親）≠受益者（知的障がい者）**とする信託です。委託者でない他者が利益を受けるということで他益信託と言います。

図表１-12 他益信託

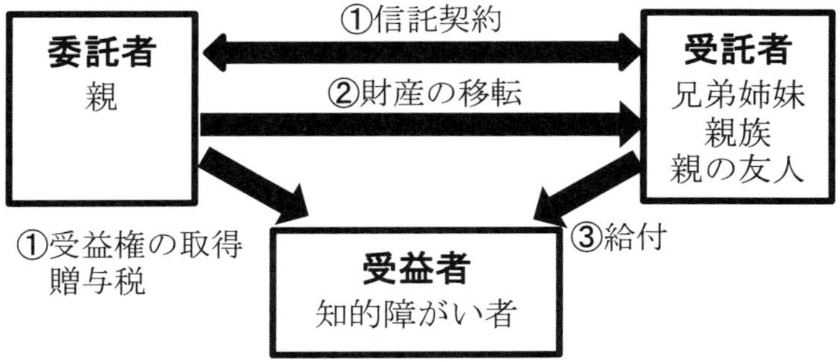

① 信託契約
① 財産の移転
委託者
親
受託者
兄弟姉妹
親族
親の友人
①受益権の取得
贈与税
受益者
知的障がい者
③給付

① 信託契約
　委託者（親）が受託者（兄弟姉妹など）と信託契約を結びます。財産の名義は受託者に移り、信託財産の管理・処分等を行います。
　受益権を取得する知的障がい者に贈与税が課税されます。
② 財産の移転
　委託者から受託者に財産を移転します。
③ 給付
　受益者は信託財産に係る給付を受けます。

財産の所有者が死亡して相続人に財産が渡ることを相続、生前に無償で財産を渡すことを生前贈与といいます。

　相続では相続税、生前贈与では贈与税が財産を受け取った人に課されます。

　信託では、信託財産に係る利益を得る受益者を税務上の所有者とみなし、委託者以外の者が受益者となった時に相続税、贈与税が課税されます。

　他益信託では、信託設定の前後で、税務上の財産の所有者が異なり、適正な対価の授受がない場合には、信託の効力発生時に委託者から受益者に対して贈与があったものとみなして、贈与税が課税されます。

27 自益信託→遺言代用信託

（1） 自益信託

信託設定時に**委託者（親）＝受益者（親）**とする信託で、委託者自身が利益を受けるということで自益信託と言います。

図表1-13 自益信託

① 信託契約

委託者（親）が受託者（兄弟姉妹など）と信託契約を結びます。財産の名義は受託者に移り、信託財産の管理・処分等を行います。

受益権を取得するのは委託者（親）で、信託設定の前後で実質的な財産の所有者は変わらず、信託の効力発生時には相続税、贈与税は課税されません。

② 財産の移転

委託者から受託者に財産を移転します。

③ 給付

受益者（親）は信託財産に係る給付を受けます。

（2） 遺言代用信託

（1） 自益信託の委託者兼受益者である親の死亡で、知的障がい者が受益権を取得する設定にします。

知的障がい者が受益者となることで、委託者死亡後の財産分配を信託で達成でき、遺言と同様の効果が得られるので遺言代用信託といいます。

図表 1 -14 遺言代用信託

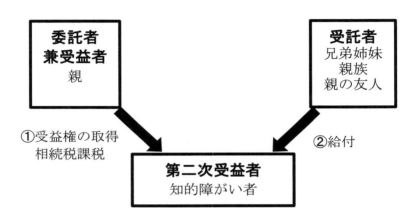

① 受益権の取得
　委託者兼受益者（親）の死亡で知的障がい者が受益権を取得しますが [1]、これは「相続」ではなく「信託契約」による権利の移転とされ、遺産分割協議の対象にはなりません。
　なお、税務上は知的障がい者が遺贈により取得したものとみなされ、相続税が課税されます。
② 給付
　第二次受益者（知的障がい者）が信託財産に係る給付を受けます。

---

[1] 民法の委任は委任者の死亡で終了しますが、信託は委託者が死亡しても継続できます。

（3） 他益信託、自益信託→遺言代用信託の選択基準

　他益信託と自益信託→遺言代用信託の主な選択基準は税金です。

　受益者が健常者の場合、税額が抑えられ納税時期も先送りされる「自益信託→遺言代用信託で相続税」を選択することが多いのですが、受益者が知的障がい者の場合、親が生きている間に納税まで完結できる「他益信託で贈与税」を選択することもあります。

（4） 受託者への課税

　信託財産の名義は委託者から受託者に移るのですが、これは受益者のために行われるもので、信託財産に係る利益を得る権利が移るわけではないため、受託者に相続税、贈与税、所得税は、原則課税されません。

28　信託の変更

　長期間になる信託では、事情の変化に対応して信託条項を変更することが求められます。

（1）原則
　委託者、受託者及び受益者の合意によってすることができます（信託法 149 条 1 項）。

（2）その他の場合
ア　信託の目的に反しないことが明らかであるとき
　受託者及び受益者の合意によりすることができます（信託法 149 条 2 項 1 号）。

イ　信託の目的に反しないこと及び受益者の利益に適合することが明らかであるとき
　受託者の書面又は電磁的記録によってする意思表示によりすることができます（信託法 149 条 2 項 2 号）。

ウ　受託者の利益を害しないことが明らかであるとき
　委託者及び受益者による受託者に対する意思表示によってすることができます（信託法 149 条 3 項 1 号）。

エ　信託の目的に反しないこと及び受託者の利益を害しないことが明らかであるとき
　受益者による受託者に対する意思表示によってすることができます（信託法 149 条 3 項 2 号）。

オ　信託行為に別段の定めがあるとき
　その定めるところによります（信託法 149 条 4 項）。

カ　特別の事情による信託の変更を命ずる裁判

　信託行為の当時、予見することのできなかった特別の事情により、信託事務の処理の方法に係る信託行為の定めが、信託の目的及び信託財産の状況その他の事情に照らして受益者の利益に適合しなくなるに至ったときは、裁判所は、委託者、受託者又は受益者の申立てにより信託の変更を命ずることができます。（信託法150条1項）。

図表1-15　信託の変更

	変更当時者			方法
	委託者	受託者	受益者	
（1）原則	○	○	○	合意
（2）ア　信託の目的に反しないことが明らかであるとき	×	○	○	合意
（2）イ　信託の目的に反しないこと及び受益者の利益に適合することが明らかであるとき	×	○	×	受託者の書面又は電磁的記録によってする意思表示
（2）ウ　受託者の利益を害しないことが明らかであるとき	○	×	○	委託者及び受益者の受託者に対する意思表示
（2）エ　信託の目的に反しないこと及び受託者の利益を害しないことが明らかであるとき	×	×	○	受益者の受託者に対する意思表示
（2）オ　信託行為に別段の定めがあるとき	○	○	○	その定めるところによる
（2）カ　特別の事情による信託の変更を命ずる裁判	○	○	○	裁判所は、委託者、受託者又は受益者の申立てにより、信託の変更を命ずることができる

（3）注意事項

ア　受益者代理人の選任

　知的障がい者が受益者の場合、変更への対応ができるように受益者代理人を選任しておきます。

イ　別段の定め

　委託者（親）が死亡して、その地位が相続されていないなど、委託者が現存しない場合には、委託者が変更当事者となる変更はできません（信託法 149 条 5 項）。

　これを回避するために、信託行為に別段の定めをして対応できるようにしておく必要があります。

ウ　課税

　変更内容によっては、課税関係が生じることがあります。

29 信託の終了

（1）信託の終了事由
ア　委託者及び受益者（受益者代理人）の合意
　委託者及び受益者（受益者代理人）は、いつでも、その合意により、信託を終了することができます（信託法 164 条 1 項）。
　なお、委託者が現存しない場合には、この規定は適用しません（信託法 164 条 4 項）。
　また、信託行為に別段の定めがあるときは、その定めるところによります（信託法 164 条 3 項）。

イ　信託の目的を達成したとき、又は達成することができなくなったとき（信託法 163 条 1 号）

ウ　受託者が受益権の全部を固有財産で有する状態が 1 年間継続したとき（信託法 163 条 2 号）

エ　受託者が欠けた場合であって、新受託者が就任しない状態が 1 年間継続したとき（信託法 163 条 3 号）

オ　信託財産が費用等の償還等に不足している場合に、受託者が信託を終了させたとき（信託法 163 条 4 号, 52 条）

カ　信託行為において定めた事由が生じたとき（信託法 163 条 9 号）

キ　信託の終了を命ずる裁判があったとき（信託法 163 条 6 号）

ク　信託財産についての破産手続開始の決定があったとき（信託法 163 条 7 号）

ケ　委託者が破産手続開始の決定、再生手続開始の決定又は更生手続開始の決定を受けた場合において、信託契約の解除がされたとき（信託法 163 条 8 号）

コ　信託の併合がされたとき（信託法 163 条 5 号）

（2）信託の清算
ア　清算の開始原因
　信託が終了した場合には清算をしなければなりません（信託法 175 条）。

イ　信託の存続の擬制
　信託は、終了した場合においても、清算が結了するまでは存続するものとみなします（信託法 176 条）。

ウ　清算受託者の職務
　清算受託者（信託が終了した時以後の受託者）は、以下の職務を行います（信託法 177 条）。
① 現務の結了
② 信託財産に属する債権の取立て及び信託債権に係る債務の弁済
③ 受益債権に係る債務の弁済
④ 残余財産の給付

エ　清算受託者の権限等
　清算受託者は、信託の清算のために必要な一切の行為をする権限を有します。
　ただし、信託行為に別段の定めがあるときは、その定めるところによります（信託法 178 条 1 項）。

オ　清算受託者の職務の終了等
　清算受託者は、その職務を終了したときは、遅滞なく信託事務に関する最終の計算を行い、信託が終了した時における受益者及び帰属権利者（以下「受益者等」）のすべてに対し、その承認を求めなければなりません（信託法 184 条 1 項）。
　受益者等が承認した場合には、受益者等に対する清算受託者の責任は免除されたものとみなします。ただし、清算受託者の職務の執行に不正の行為があったときは、この限りではありません（信託法 184 条 2 項）。

（3）残余財産の帰属
ア　残余財産の帰属者等
　清算受託者は、残余財産の給付を行いますが（信託法 177 条 4 号）、残余財産の帰属者として、次に掲げる者を定めています（信託法 182 条 1 項）。
① 残余財産受益者
　信託行為において、残余財産の給付を内容とする受益債権に係る受益者となるべき者として指定された者

② 帰属権利者
　信託行為において、残余財産の帰属すべき者となるべき者として指定された者

イ　残余財産受益者若しくは帰属権利者の指定に関する定めがない場合又は指定を受けた者のすべてがその権利を放棄した場合
　信託行為に、委託者又はその相続人その他の一般承継人を帰属権利者として指定する旨の定めがあったものとみなします。
　それでも残余財産の帰属者が定まらないときは、清算受託者に帰属します（信託法 182 条 2 項、3 項）。

ウ　残余財産受益者と帰属権利者の違い

　どちらも残余財産の帰属者ですが、受益者としての権利を有する期間に違いがあります。

① 残余財産受益者

　信託の効力発生時から受益者の権利を有します。

② 帰属権利者

　信託の終了前に信託に係る権利を有しませんが、信託の清算中は受益者とみなします。

③ 選択

　個別事情に応じて選択しますが、受益者（知的障がい者）と異なる人を残余財産受益者にすると、信託終了前に残余財産受益者としての権利行使が可能になります。混乱が生じることもあるため、信託終了後においてのみ権利をもつ帰属権利者の選択が多くなります。

図表 1-16 残余財産受益者・帰属権利者

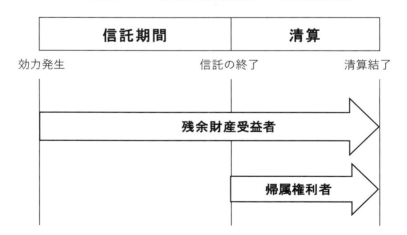

第2章

信託の詳細

1　信託の機能

　信託には「財産の長期的管理機能」「転換機能」「倒産隔離機能」があり、さまざまなニーズに応えることができます。

（1）財産の長期的管理機能
　委託者の財産を受託者に移転し、受託者が委託者に代わって受益者のために財産を管理運用、処分、承継させる機能で、さらに次の4機能に細分化されます。

ア　意思凍結機能
　信託設定時の信託目的は、委託者が意思能力を失ったり、死亡したりしても影響を受けず、信託の終了まで長期間にわたって維持することができる機能です。

イ　受益者連続機能
　複数の受益者に信託受益権を連続して承継させる機能です。

ウ　受託者裁量機能
　信託設定時に想定していない事情が発生しても、受託者が裁量権を行使して事務処理を行う機能です。

エ　利益分配機能
　受益者に信託から生じる利益を給付する機能です。

（2）転換機能
　信託財産が信託受益権という権利になり、その財産の属性や数、財産権の性状などを転換する機能です。
　受益権の切分けを自由な形で行うことができるので、同じ権利を持つ複数の受益権や中身の異なる受益権にできます。

ア　同じ権利を持つ複数の受益権の例

　不動産を信託し、受益権を複数にできます。

イ　中身の異なる受益権の例

　信託財産の管理及び運用によって生ずる利益を受ける権利である収益受益権と、信託財産自体を受ける権利である元本受益権に分けることができます。収益受益権を有する者(収益受益者、知的障がい者)と元本受益権を有する者(元本受益者、知的障がい者以外)が異なるものを「受益権が複層化された信託」といいます(相続税法基本通達９－13)。

　民法では、財産から生ずる利益を受ける権利とその財産自体を受ける権利を分離することはできませんが、信託では可能になります。

（３）倒産隔離機能

　信託財産は受託者に属する財産（信託法２条３項）で、委託者の財産ではありません。

　信託財産は受託者に属する財産ですが、受託者の固有財産ではなく、分別管理されています。

　以上により、委託者又は受託者が破産等しても、信託財産は守られ、これを倒産隔離機能といいます。

ア　委託者の破産等

① 委託者の破産等への備え

　委託者（知的障がい者の親）が事業を営んでいる場合、現在は順調であっても、将来、事業内容が悪化し、倒産、破産することがありえます。

　このような事態に備えて、知的障がい者を受益者とする他益信託を設定しておくと、倒産隔離機能で知的障がい者の財産を守ることができます。

　委託者が破産等手続開始の決定を受けた場合であっても、信託

財産は受託者に属する財産であるため、破産財団等には属しません。

② 詐害信託の取消し等

　ただし、破産する直前に、委託者がその債権者を害することを知って信託をした場合には、債権者は詐害行為取消請求等をすることができます（信託法 11 条 1 項、4 項、5 項、民法 424 条 3 項）。

イ　受託者の破産等

　経済活動の結果、受託者も破産等するリスクがあります。

　受託者が破産等手続開始の決定を受けた場合であっても、信託財産に属する財産は、破産財団等には属しません（信託法 25 条 1 項、4 項、7 項）。

ウ　信託財産に属する財産に対する強制執行等の制限

　信託財産責任負担債務に係る債権に基づく場合を除き、信託財産に属する財産に対しては、強制執行、仮差押え、仮処分若しくは担保権の実行若しくは競売又は国税滞納処分をすることができません（信託法 23 条 1 項）。

図表 2-1　信託財産に対する強制執行等の制限（委託者）

図表2-2 信託財産に対する強制執行等の制限（受託者）

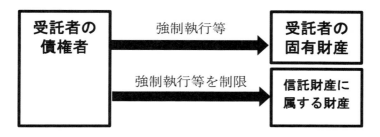

エ　受益者の破産等

　受益者が有するのは受益権で、受益者の財産であるため、受益権は受益者の破産財団に属することになります(破産法34条1項)し、受益者の債権者の差押えの対象になります。

2 後継ぎ遺贈型受益者連続信託

（1）後継ぎ遺贈
ア　定義
　後継ぎ遺贈とは、遺贈者Ａ（親）が財産を第一次受遺者Ｂ（知的障がい者）に遺贈するが、Ｂがこの財産の所有権を有するのはＢの存命中だけで、Ｂの死亡後は、Ａが定めた第二次受遺者Ｃ（兄弟姉妹等）がＡ（Ｂではない）からの遺贈により取得する、という遺贈です。

図表２-３　後継ぎ遺贈

① 遺贈者Ａが第一次受遺者Ｂに遺贈
② Ｂが死亡すると、Ａが定めた第二次受遺者ＣがＡ（Ｂではない）からの遺贈により取得

イ　後継ぎ遺贈は無効
　後継ぎ遺贈が有効だとすれば、民法とは異なる相続のルールで財産を承継できるので、後継ぎ遺贈に対する実務上のニーズは多くあります。
　しかし、民法では、存続期間を一定期間に限った所有権は認められないなどの理由で、後継ぎ遺贈を無効とする説が有力です。

（2）後継ぎ遺贈型受益者連続信託

ア　受益者連続型信託

　次の①②により受益者を連続させることができ、受益者連続型信託といいます（相続税法9条の3第1項）。

① 受益者の死亡により、他の者が新たに受益権を取得する旨の定めのある信託（信託法91条）

② 受益者指定権等を有する者の定めのある信託（信託法89条1項）

イ　後継ぎ遺贈型受益者連続信託

　上記ア①の先順位受益者の死亡を受益者変更事由とする信託を後継ぎ遺贈型受益者連続信託と言います。

　信託では、民法で対応できないことが可能になりますが、後継ぎ遺贈型受益者連続信託が代表的なものです。

ウ　後継ぎ遺贈型受益者連続信託における受益権の承継方法

　受益権の承継方法には次の①②があります（信託法91条）。

① 受益者の死亡により、当該受益者の有する受益権が消滅し、他の者が新たな受益権を取得する旨の定めのある信託

② 受益者の死亡により、順次他の者が受益権を取得する旨の定めのある信託

エ　受益者の死亡により、当該受益者の有する受益権が消滅し、
　他の者が新たな受益権を取得する旨の定めのある信託

図表2-4　後継ぎ遺贈型受益者連続信託1

① Aの死亡
　委託者兼第一次受益者A（親）の死亡で、Aの有する受益権が
消滅し、第二次受益者B（知的障がい者）が新たな受益権を取得
します。
② Bの死亡
　次にBの死亡で、Bの有する受益権が消滅し、第三次受益者C
（兄弟姉妹）は、直前の受益者Bからではなく、委託者Aから新
たな受益権を取得するものとして取り扱います。

オ　受益者の死亡により、順次他の者が受益権を取得する旨の定
　めのある信託

図表2-5　後継ぎ遺贈型受益者連続信託2

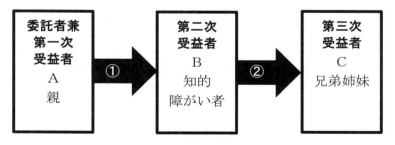

① Aの死亡

　委託者兼第一次受益者A（親）の死亡で、第二次受益者B（知的障がい者）はAから受益権を取得します。

② Bの死亡

　次にBの死亡で、第三次受益者C（兄弟姉妹）は、委託者Aからではなく、直前の受益者Bから受益権を取得します。

カ　後継ぎ遺贈型受益者連続信託のメリット

　知的障がい者が一人っ子の場合、亡くなった時に相続人がいないことも多く、遺言書を書けないと財産は最終的に国庫に帰属してしまいます。

　後継ぎ遺贈型受益者連続信託を利用すると、知的障がい者が亡くなった後は、支援をした人や施設に財産を承継して、お礼をすることができます。

キ　遺留分

　信託財産は遺産ではなく、第二次、第三次受益者は受益権を即時に取得します。

　ただし、遺留分には注意が必要です。遺留分とは、相続人が最低限の財産を相続できるように保障されている相続財産の一定割合のことです。兄弟姉妹以外の相続人には、遺留分を算定するための財産の価額に、次の割合を乗じた額の遺留分があります（民法1042条1項）。

① 直系尊属（被相続人の親、祖父母等）のみが相続人である場合　3分の1

② ①以外の場合（配偶者や子が含まれている場合）　2分の1

ク　信託期間

　後継ぎ遺贈型受益者連続信託には30年ルールが適用されます。

【30年ルール】

信託がされた時から30年を経過した時以後に、新たに受益権を取得した受益者が死亡した時点又は受益権が消滅した時点で、信託は終了します（信託法91条）。

例1 信託がされた時から30年を経過した時、第一次受益者A（親）が生きている場合

その後Aが死亡し、新たに受益権を取得した第二次受益者B（知的障がい者）が死亡した時点で、信託は終了します。

例2 信託がされた時から30年を経過する前に、第一次受益者A（親）は死亡し、すでに第二次受益者B（知的障がい者）が受益権を取得している場合

30年を経過した後にBが死亡し、新たに受益権を取得した第三次受益者C（兄弟姉妹）が死亡した時点で、信託は終了します。

ケ 税務

新受益者が、直前の受益者からの遺贈により受益権を取得したものとみなし（みなし相続）、新受益者に対して相続税が課税されます（相続税法9条の2第2項）。

（３）後継ぎ遺贈型受益者連続信託の利用事例

　兄弟姉妹に多めの財産を遺贈するかわりに、知的障がい者の支援を約束させていても、兄弟姉妹が知的障がい者より先に亡くなると、兄弟姉妹の配偶者が財産を相続する事例を考えます。

図表2-6　配偶者が財産を相続する事例

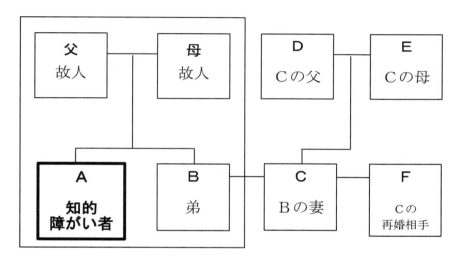

① 知的障がい者Aの弟Bに多めの財産を遺贈するかわりに、Aの支援を約束させます。
② BがAより先に亡くなると、Aのために利用してもらいたい財産であってもBの相続財産となり、Bの妻Cが相続する可能性があります。以降、その財産をどう使うのかはCの判断になります。
③ 次にCが死亡すると、Cの親D、Eが存命であれば相続人になります。さらに、Cが再婚をしたケースでは、再婚相手Fが相続人になります。

　このような事例を回避するために、父母→A→Bの順に受益者とする後継ぎ遺贈型受益者連続信託を利用します。

3　信託の会計

　受託者の義務として、帳簿等の作成等、報告及び保存の義務（信託法37条）があります。

（1）信託帳簿の作成
ア　義務

　受託者は、信託帳簿（信託財産に係る帳簿その他の書類又は電磁的記録）を作成しなければなりません（信託法37条1項、信託法施行規則33条1号、信託計算規則4条1項）。

イ　形式

　信託帳簿は、一つの書面等として作成する必要はなく、他の目的で作成された書類等をもって信託帳簿とすることができます（信託計算規則4条2項）。

　単純な管理型の信託においては、仕訳帳、総勘定元帳等の「帳簿」と呼ぶべき書類を備えるまでの必要がないこともあり、「帳簿」に限定されないとされています（信託法改正要綱試案補足説明第23）。

（2）財産状況開示資料の作成
ア　義務

　受託者は、毎年一回、一定の時期に、財産状況開示資料（貸借対照表、損益計算書その他の書類又は電磁的記録）を作成しなければなりません（信託法37条2項、信託法施行規則33条1号、信託計算規則4条1項、3項）。

イ　信託帳簿に基づいて作成

　財産状況開示資料は、信託財産及び信託財産責任負担債務の概況を明らかにするもので、信託帳簿に基づいて作成しなければなりません（信託計算規則4条4項、5項）。

ウ　作成書類
　具体的に、どのような書類の作成が必要になるかは、信託の類型によって異なります（信託法改正要綱試案補足説明第23）。
① 資産の運用を目的とする信託
　貸借対照表や損益計算書に類似する書類の作成が必要になると考えられます。

② 単に物の管理をするにすぎない信託
　財産目録に相当する書類が作成されれば足りると考えられています。

（3）会計の原則、会計慣行のしん酌
ア　会計の原則
　信託の会計は、一般に公正妥当と認められる会計の慣行に従うものとします（信託法13条）。

イ　会計慣行のしん酌
　用語の解釈及び規定の適用に関しては、一般に公正妥当と認められる会計の基準その他の会計の慣行をしん酌しなければなりません（信託計算規則3条）。

ウ　信託行為の趣旨のしん酌
　信託帳簿又は財産状況開示資料の作成に当たっては、信託行為の趣旨をしん酌しなければなりません（信託計算規則4条6項）。

（4）報告
　受託者は、財産状況開示資料を作成したときは、その内容について受益者に報告しなければなりません。
　ただし、信託行為に別段の定めがあるときは、その定めるところによります（信託法37条3項）。

（5）保存

ア　信託帳簿

　受託者は、その作成の日から 10 年間、当該書類等を保存しなければなりません。

　ただし、受益者に対し、当該書類、写しを交付したとき等はこの限りではありません（信託法 37 条 4 項）。

イ　信託財産の処分に係る契約書等

　受託者は、契約書等を作成し又は取得した場合には、その日から 10 年間保存しなければなりません。

　ただし、受益者に対し、当該書類、写しを交付したとき等は、この限りではありません（信託法 37 条 5 項）。

ウ　財産状況開示資料

　受託者は、信託の清算の結了の日までの間、当該書類等を保存しなければなりません。

　ただし、その作成の日から 10 年間を経過した後において、受益者に対し、当該書類、写しを交付したとき等はこの限りではありません（信託法 37 条 6 項）。

4 信託の税金 [1]

（1）受益者等課税信託

信託財産の名義は委託者から受託者に移りま
すが、信託財産から生じる経済的利益は受益者が
受けるため、受益者（知的障がい者）を税務上の
所有者とみなして、課税関係を考えます。

単に信託設定しただけでは、相続税、贈与税、所得税の節税に
はならないのですが、余計に税金がかかることもなく、信託でな
い状態と同様の課税関係で処理されます。

（2）信託の効力発生時

ア　贈与税、相続税

① 自益信託

親が委託者兼受益者となる自益信託を設定した場合、税務上、
設定の前後で経済的な価値の移動がないことから、印紙税、登録
免許税以外の課税関係は生じません。

② 他益信託

委託者（親）≠受益者（知的障がい者）とする他益信託を設定
した場合、税務上、設定の前後で委託者から受益者に経済的な価
値が移動します。

適正な対価を負担せずに受益者となった知的障がい者は、受益
権を委託者から贈与により取得したものとみなされ、贈与税が課
税されます（相続税法9条の2第1項）。

---

1 税金には細かい規定や特例があります。本書では全体論を説明
しますが、実務においては税務署、税理士への確認が必要になり
ます。

③ 相続対策

　相続対策では、次の３点をバランスよく検討していく必要があります。

（a）遺産分割で争族にならない対策

（b）納税資金を確保する対策

（c）相続税の軽減対策

　「相続対策で重要なことはなにか」と質問すると、「相続税の軽減対策」という答えがよく返ってきますが、知的障がい者に健常者が利用する相続税の軽減対策を使うと、かえって支出が増えることがあります。

　例えば、賃貸マンションを建築して、土地、建物の財産評価減を活用する相続税対策をとり、相続後に専門職の成年後見人等が就任することになると、成年後見等報酬累計額が軽減した税額を上回ってしまうことが考えられます。

　世の中の仕組みは健常者中心に作られています。残念で悔しくもありますが、健常者と同じ方法を使うことで、かえって負担が増えないか、という視点を持たなければいけません。

図表２-７　健常者と知的障がい者の考え方の比較

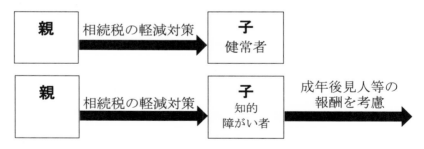

イ　印紙税

　信託行為に関する契約書１通につき 200 円です（印紙税法別表第一第 12 号）。

　「信託行為に関する契約書」は「信託契約を証する文書」をい

110

いい、遺言信託を設定するための遺言書及び自己信託を設定するための公正証書その他の書面は、第 12 号文書には該当しません（印紙税法別表第一第 12 号文書 1 ）。

ウ　登録免許税
① 財産権の移転の登記又は登録
　委託者から受託者に信託のために財産を移す場合は非課税です（登録免許税法 7 条 1 項 1 号）。

② 財産権の信託の登記又は登録
例 不動産の「所有権の信託の登記」に係る登録免許税
固定資産税評価額× 4 /1000 （土地の場合、令和 5 年 3 月 31 日までは 3 /1000 ）（登録免許税法別表第一.1 （十）イ、租税特別措置法 72 条 1 項 2 号）

エ　不動産取得税
　土地や家屋の購入、贈与、家屋の建築等で不動産を取得した時に、取得した者に対して課される税金です。
　委託者から受託者に信託財産を移す場合における不動産の取得は非課税です（地方税法 73 条の 7 第 3 号）。
　受託者に、便宜的に信託財産を移転しているだけで、実質的に不動産を取得したわけではないので、「形式的な所有権の移転等に対する不動産取得税の非課税」に該当します。
　不動産の名義変更登記を行うと、不動産取得税の納税通知書が送られてきますが、信託であることを説明すれば納税の必要はありません。

（3）信託期間中
ア　所得税
① 受益者（知的障がい者）が、信託財産に属する資産及び負債を

有するものとみなし、かつ、信託財産に帰せられる収益及び費用は受益者の収益及び費用とみなして所得税が課せられます（所得税法13条1項）。

　例えば、賃貸マンションを信託した場合、賃貸マンションから生じる不動産所得は、受益者の所得とみなして課税されます。

② 不動産所得の金額の計算上、信託による不動産所得の損失の金額があるときは、当該損失の金額は生じなかったものとみなす（租税特別措置法41条の4の2）とされています。

　これは、信託財産から生じた不動産所得の損失は、信託をしていない不動産から生じた不動産所得及び他の所得との損益通算ができない、純損失の繰越をすることができない、ということです。

イ　贈与税、相続税

　適正な対価を負担せずに受益者の変更があった場合、変更後の受益者は、受益権を変更前の受益者から、贈与（遺贈）により取得したものとみなされ、贈与税（相続税）が課税されます（相続税法9条の2第2項）。

　例えば、委託者兼受益者（親）が死亡し、適正な対価を負担せずに知的障がい者が受益者になった場合、知的障がい者は、親から遺贈により、受益権を取得したものとみなされ、相続税が課税されます。

ウ　登録免許税
① 財産権の移転の登記又は登録

　受託者の変更に伴い、受託者であった者から新たな受託者に信託財産を移す場合における、財産権の移転の登記又は登録は非課税です（登録免許税法7条1項3号）。

例 不動産が信託財産である場合、「所有権の移転の登記」に係る登録免許税は非課税

② 財産権の信託の登記又は登録

信託の登記又は登録の内容に変更があった場合には、変更の登記又は登録が必要になります。

例 不動産が信託財産である場合、「所有権の信託の登記」の変更に係る登録免許税は不動産1個につき 1,000 円（登録免許税法別表第一.1（十四））

エ 不動産取得税

① 受託者の変更

受託者の変更があった場合における、新たな受託者による不動産の取得は非課税です（地方税法73条の7第5号）。

新受託者に、信託財産を移転しているだけで、実質的に不動産を取得したわけではないので、「形式的な所有権の移転等に対する不動産取得税の非課税」に該当します。

② ①以外の変更

不動産取得税は、不動産を取得した時に、取得した人に対して課される税金です。

信託財産の所有者は受託者であるため、受託者以外の変更は、そもそも不動産の取得に該当しないので、不動産取得税は課税されません。

例 受益者の変更は不動産の取得に該当せず、不動産取得税は課税されません。

オ 固定資産税・都市計画税

固定資産税等の納税通知書は、不動産登記上の名義人である受託者に届きますが、支払いは信託財産から行います。

自宅のように収益を生まない不動産で、信託財産から支払えない場合は、委託者又は受益者が支払うことが多くなります。

（4）信託終了時

ア　贈与税、相続税

　信託終了に伴い、残余財産が帰属権利者に引渡されると、帰属権利者に贈与税、相続税が課税される場合があります。

① 受益者＝帰属権利者の場合

　信託終了の前後で経済的な価値の移動がないことから、登録免許税、不動産取得税以外の課税関係は生じません。

図表2-8　信託終了時（受益者＝帰属権利者）の課税関係

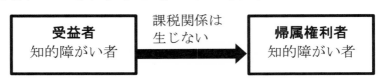

② 受益者≠帰属権利者の場合

　信託終了の前後で経済的な価値の移動があり、適正な対価を負担せずに帰属権利者となった者は、残余財産を受益者から贈与（遺贈）により取得したものとみなされ、贈与税（相続税）が課税されます（相続税法9条の2第4項）。

図表2-9　信託終了時（受益者≠帰属権利者）の課税関係

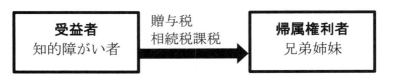

イ　登録免許税

　受託者から帰属権利者に財産を移す時に、①財産権の移転の登記又は登録、②財産権の信託の登記又は登録を行います。

① 財産権の移転の登記又は登録

　（a）原則

　課税されます。

不動産が信託財産である場合、所有権の移転の登記に係る課税額は固定資産税評価額×20/1000 となります（登録免許税法別表第一.1（二）ハ）。

（b）特例1　実質的な移転がなく非課税となる場合
　信託の効力が生じた時から、引き続き委託者のみが信託財産の元本の受益者である信託の、信託財産を受託者から当該受益者（当該信託の効力が生じた時から引き続き委託者である者に限る。）に移す場合は非課税です（登録免許税法7条1項2号）。

（c）特例2　相続による財産権の移転の登記又は登録とみなして、相続の税率を適用する場合
　信託の効力が生じた時から、引き続き委託者のみが信託財産の元本の受益者である信託の、信託財産を受託者から当初委託者の相続人である受益者に移す場合は、相続による財産権の移転の登記又は登録とみなします（登録免許税法7条2項）。
例 不動産の相続による所有権の移転の登記に係る登録免許税
　固定資産税評価額×4/1000（登録免許税法別表第一.1（二）イ）

② 財産権の信託の登記又は登録
　抹消の登記又は登録が必要になります。
例 不動産の「所有権の信託の登記」の抹消に係る登録免許税
不動産1個につき 1,000 円（登録免許税法別表第一.1（十五））

ウ　不動産取得税
① 原則
　固定資産税評価額×4/100（地方税法73条の13、15）
（a）令和6年3月31日までに宅地評価土地を取得した場合
　固定資産税評価額の2分の1（地方税法附則11条の5第1項）

115

(b) 令和6年3月31日までの家屋（住宅）又は土地の取得が行われた場合

税率は3/100（地方税法附則11条の2第1項）

② 非課税となる場合

　信託の効力が生じた時から、引き続き委託者のみが信託財産の元本の受益者である信託で、受託者から当該受益者（次の(a)(b)いずれかに該当する者に限る）に信託財産を移す場合における不動産の取得は、非課税になります。（地方税法73条の7第4号）。

　(a) 当該信託の効力が生じた時から引き続き委託者である者

　(b) 当該信託の効力が生じた時における委託者から相続による不動産の取得をした者

エ　信託を利用した税負担の軽減

　登録免許税、不動産取得税は相続税、贈与税、所得税と比較して目立たない税金ですが、信託の非課税、税率軽減で贈与や売買の5分の1以下の税額に抑えられることがあります。不動産価格が高額の場合には、百万円単位で税額を軽減できます。

（5）信託受益権の評価額

　贈与税や相続税を計算する時の信託受益権の評価額は、信託財産そのものを受益者が所有しているものとみなして計算した価額になります（財産評価基本通達202）。

ア　元本と収益の受益者が同一人である場合

① 受益者が1人の場合

　課税時期における信託財産の価額が評価額になります。

② 受益者が2人以上の場合

　課税時期における信託財産の価額に、その受益権割合を乗じて計算した価額が評価額になります。

イ　元本の受益者と収益の受益者とが異なる場合（受益権が複層化された信託）

　信託財産の管理及び運用によって生ずる利益を受ける権利である収益受益権と、信託財産自体を受ける権利である元本受益権に分けることができます。

　収益受益権を有する者（収益受益者）と元本受益権を有する者（元本受益者）とが異なるものを「受益権が複層化された信託」といいます（相続税法基本通達9－13）

① 収益受益権

　課税時期の現況において推算した、受益者が将来受けるべき利益の価額ごとに、課税時期からそれぞれの受益の時期までの期間に応ずる基準年利率による複利現価率を乗じて計算した金額の合計額が評価額になります。

② 元本受益権

　課税時期における信託財産の価額から、①の収益受益権の評価額を控除した価額が評価額になります。

ウ　受益権が複層化された受益者連続型信託の場合

　受益権が複層化された信託で、受益者連続型の信託受益権の評価額は、上記イと異なり、次のようになります（相続税法基本通達9の3－1(2)(3)）。

① 収益受益権

　収益受益権の全部を取得した場合、信託財産の全部の価額が評価額になります。

② 元本受益権

　元本受益権の全部を取得した場合、評価額は零（ゼロ）になります。

5 税務署へ提出する書類

（1）信託の効力発生時

　受託者は、信託の効力が生じた翌月末日までに、受益者別の調書を税務署長に提出しなければなりません。ただし、信託に関する権利又は信託財産の価額が 50 万円以下であること、自益信託であること等に該当する場合は、この限りではありません（相続税法 59 条 3 項、相続税法施行規則 30 条 7 項）。

（2）毎年定期

　受託者は、毎年 1 月 31 日までに、前年の信託財産の状況等を記載した信託の計算書を税務署長に提出しなければなりません（所得税法 227 条）。ただし、信託財産に帰せられる収益の額の合計額が 3 万円以下であるときは、一部を除いて提出することを要しません（所得税法施行規則 96 条 2 項、 3 項）。

（3）信託の変更時

　受託者は、受益者や権利内容に変更が生じた翌月末日までに、受益者別の調書を税務署長に提出しなければなりません。ただし、信託に関する権利又は信託財産の価額が 50 万円以下であること等に該当する場合は、この限りではありません（相続税法 59 条 3 項、相続税法施行規則 30 条 7 項）。

（4）信託の終了時

　受託者は、信託の終了が生じた翌月末日までに、受益者別の調書を税務署長に提出しなければなりません。ただし、信託に関する権利又は信託財産の価額が 50 万円以下であること、終了直前の受益者に残余財産が帰属することに該当する場合は、この限りではありません（相続税法 59 条 3 項、相続税法施行規則 30 条 7 項）。

6 商事信託と民事信託

（1）商事信託と民事信託
　商事信託と民事信託は定義があるわけではなく、両者の境目は流動的ですが、本書においては、信託銀行や信託会社が受託者になる営業信託を商事信託、一般の法人個人が受託者になる非営業信託を民事信託とします。

（2）商事信託
ア　信託銀行
　柳沢慎吾、中井貴一、真田広之の3氏が出演している三菱ＵＦＪ信託銀行のコマーシャルを見たことがある人も多いと思いますが、日本では、信託銀行が主要な担い手である商事信託だけの状態が長く続きました。
　商事信託の目的は、収益追求型が多く、特金、ファントラといった信託がバブル期を象徴するものとなったこともありましたが、信託銀行は金融庁、日銀の監督下、信託を発展させてきました。
　ただ、信託銀行は大企業向けの取引が多く、個人取引は億円以上の金銭や一等地の不動産でないと、信託報酬や手数料が割高になりますし、審査の結果、受託を断られることもあります。

イ　信託会社
　信託会社の中には、小回りの利く対応をしてくれるところもありますが、不動産会社や生命保険会社の関連会社であることが多く、取扱業務が限られています。
　何ができる信託会社なのか、調べたうえで利用するようにしてください。

（3）民事信託

　一般の法人個人が受託者になる知的障がい者支援信託は、民事信託になります

　初めて学ぶ人には、商事信託と民事信託の区別がつきにくいのですが、どちらが優れているというわけでなく、両者の長所を活かして適切に使い分ける、場合によっては併用することが上手な利用方法です。

図表 2-10 商事信託・民事信託

		商事信託	民事信託
営利目的		営利目的	営利目的でない
信託目的		収益追求型	財産保全型
受託者	**個人**	無	・家族、親族、友人 ・未成年者はなれない
	法人	信託銀行 信託会社	一般社団法人が最適
メリット		・多額の金銭、不動産を専門家に任せ収益を追求できる	・条件を自由に決められ制度設計の柔軟性が高い ・創造性がある
デメリット		・信託受託審査がある ・信託報酬が大きくなりがち ・商品がパッケージ化し柔軟性が低い	・管理の専門性が不足 ・受託者の適任者を探さないといけない

7 民事信託の分類と専門職

（1）分類

ア 民事信託の分類

　民事信託は歴史が浅いこともあり、民事信託という言葉自体も広く知られているわけではありません。

　民事信託は、障がい者や認知症高齢者支援を行う福祉型信託、中小企業向け信託、地域再生型（まちづくり）信託、社会貢献型信託、その他の信託（飼い主亡き後にペットなどの世話をする目的の信託など）とさまざまに分類されます。

イ 福祉型信託の分類

　福祉型信託は、知的障がい者、精神障がい者、身体障がい者、認知症高齢者、年少者、浪費家を受益者として支援する信託です。

　知的障がい者支援信託は、自分で財産管理ができない知的障がい者と一部精神障がい者を対象にした信託です。

図表2-11 民事信託の分類

商事信託	民事信託			
	中小企業向け信託	福祉型信託	地域再生型信託	社会貢献型信託	その他の信託

福祉型信託	
障がい者	**知的障がい者**
	精神障がい者
	身体障がい者
高齢者（認知症高齢者）	
年少者	
浪費家	

ウ　身体障がい者支援

　身体障がいは精神上の障がいではなく、成年後見制度の対象になりませんが（身体上の障がいに加えて精神上の障がいがある場合は別）、財産管理を他者に任せた方がいい場合があります。

　現在は財産管理等委任契約で対応していることが多いのですが、信託のほうが使い勝手がいいケースが考えられます。

（2）信託の専門職

ア　専門職の役割

　知的障がい者支援信託の受託者には、兄弟姉妹、親族、親の友人等が考えられます。いずれも信託のことをよく知らないので、専門職が次の事項で支援します。

① 信託を学ぶ場の提供
② 相談、調査、信託の提案
③ 関係者、関係当局との調整、信託の確定、信託設定
④ 信託実務開始後のフォロー

イ　専門職の分類

　「誰が知的障がい者支援信託の専門知識を有するのか」ですが、信託を「よく知っている」弁護士、司法書士、行政書士（法律系）、税理士、公認会計士（税務・会計系）が挙げられます。

　「よく知っている」としたのは、信託に精通している人はまだまだ少ないからです。

ウ　弁護士、司法書士、行政書士

　現在、信託をリードしているのは法律系の弁護士、司法書士、行政書士ですが、それぞれの資格試験において、信託法として独立した試験科目があるわけではありません。全員が信託を勉強しているわけではない点に注意してください。

エ　税理士、公認会計士

　税務・会計系で信託を「よく知っている」専門職は、法律系より少ない状態です。信託するだけで税の軽減があるのなら、多くの税理士が利用するのでしょうが、そうではないからです。

　ただ、税務・会計に特化するだけで成り立っていた税務・会計系専門職も、ＡＩ（Artificial Intelligence：人工知能）に業務を奪われてしまうという未来予想があり、今後、信託を取り扱う人が増えるものと思われます。

オ　専門職に求められる資質

　知的障がい者支援信託を組成する専門職は、単に法律や税務・会計に詳しいだけでは不十分です。

　知的障がい者のライフプランや親亡き後問題を十分に理解して、知的障がい者向けの信託を組み立てる能力、人として知的障がい者に寄り添うことができる福祉的能力も求められます。

カ　信託をよく知っている専門職を探す

　信託をよく知らない専門職に相談した場合、精通していない旨を言ってくれれば良心的なのですが、中途半端な知識で対応されることがあります。

　また、信託をよく知らないがゆえに、顧客に見送りをすすめ、顧客もそのままにしてしまうこともあるようです。

　「早く信託を知り、利用しておけば良かった。」という後悔の声を聞くので、信託に関心があれば、信託に精通した専門職を探しだすようにしてください。

8 商事信託の商品紹介

　商事信託（信託銀行）が取扱う商品で、知的障がい者が利用可能なものを紹介します。

　定型的なパッケージ商品で、オーダーメイド対応ができなかったり、法定後見制度の利用が条件となっていたりする点には注意が必要ですが、贈与税が非課税になる商品もあります。

（1）特定贈与信託

　障がい者の家族が信託銀行に金銭を信託し、信託銀行が障がい者に対して定期的に金銭を給付します。

　受益者は、重度の心身障がい者（特別障害者）、中軽度の知的障がい者及び障害等級2級又は3級の精神障がい者等（特別障害者以外の特定障害者）で、特別障害者は6,000万円、特別障害者以外の特定障害者は3,000万円を限度として贈与税が非課税になります。

　ただし、受益者になる知的障がい者に、成年後見人等を選任することを条件としている場合があります。

図表2-12 特定贈与信託

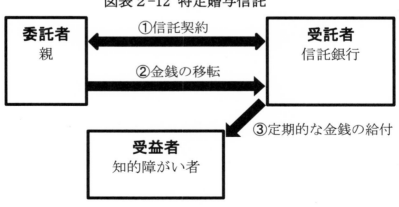

（２）生命保険信託

　生命保険の契約者である親が委託者になり、受託者（信託銀行）に保険金請求権を信託し、知的障がい者が受益者となります。

　信託銀行が保険金受取人となり、保険金は生命保険会社から信託銀行に支払われます。

　委託者（親）は、信託銀行から知的障がい者への保険金支払いを「一括支払いではなく、毎月 10 万円を支払う」など、指図します。信託銀行はその指図に従い金銭を支払っていく、生命保険金を原資にした年金のような商品です。

図表 2-13　生命保険信託

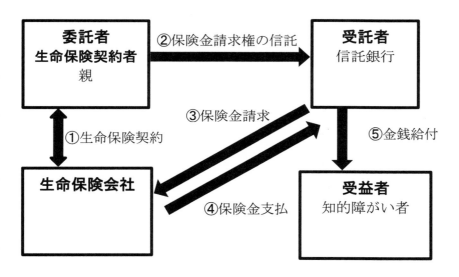

（3）教育資金贈与信託

　父母、祖父母が子、孫の入学金、授業料を都度負担する場合には贈与税は非課税ですが、一括で前渡しすると贈与税が課税されます。

　教育資金贈与信託は、一括して信託銀行に信託することで、入学金や授業料を信託財産から支払うことができ、一定限度額（1,500万円）までは、贈与税が非課税になる商品です。

　この信託を利用すると、父母や祖父母が認知症になり、教育資金を都度負担することができなくなることを回避できます。

　注意点は、子や孫が30歳になった時に、教育資金として使われなかった残額に対して贈与税が課税されることです。

　期間限定商品で、次回期日は令和5年3月31日です。

図表2-14 教育資金贈与信託

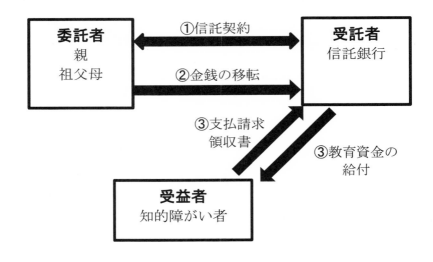

第3章

法定後見制度

1　家族の思いを伝える

　市川障害者権利擁護連絡会は「障がいのある人と成年後見」〜家族の思いを伝える〜という冊子を発行しています。
　専門職の成年後見人等に対する知的障がい者の親、家族の思いを記したもので、筆者が法定後見制度について考えるきっかけとなったものです。市川手をつなぐ親の会ホームページ[1]からも全文取得できるので、是非、読んでいただければと思います。

『後見人さんに望むこと

（1）一人の人間としてのQOL（生活の質）を何よりも大切に
　障がいのある人は、若いうちから後見人を必要とする人も多く、後見人は長く、しかも様々な人生の節目（例えばどこで暮らすか.誰と暮らすかなど）に立ち合うことになります。
　心身共に変化してゆくので、それを見逃さず、その世代らしく適切な後見支援をしていただきたいと思います。障がいのある人によっては、経験が少なく、そのために生きがいや楽しみが少ない人も多いですが、その人と根気よく接し、人生の経験を積ませていただく中で、本人の将来設計を本人や関係者などと話し合いながら、一人の人として大切にされる決定をしていって下さい。

（2）本人の意思を聞き取り、本人らしい暮らしを支援する
　本人が、「何が好き」で、「何が嫌い」で、「何を望んでいるか」など、理解しにくいことが多いです。後見人には、本人の障がい特性やコミュニケーションの取り方を理解しながら、丁寧に本人の意思を聞きとっていただきたいと思います。その際、本人

---

[1] 市川手をつなぐ親の会ホームページ「障がいのある人と成年後見」〜家族の思いを伝える〜」http://oyanokaiickw.xsrv.jp/wp-content/uploads/2018/10/cc358efdf9209642d336a3ff2f0cb19d.pdf

の【出来ることと出来ないこと】をその都度しっかり見定めて支援して頂くことが重要です。また、本人をよく知る障害福祉関係等の支援者と連携をとり、本人の意思や希望をくみ取ることも、大事にしてほしいと思います。障がいのある人の生活はどちらかというと、画一的になりがちです。特に施設などに入ると、お金の使い方も他の入所者と同じようになります。いろいろな条件があるものの、その中でも、精一杯本人らしさが発揮できるよう、ご支援ください。

（3）本人のお金を有効に使う

　本人を訪問し、財産の状況・推移などをチェックするとき、本人の資産状況をもとにしながら、健康状態はもとより、本人の生活費を把握したうえで、楽しみや生きがいにも、本人のお金が有効に使われるよう、考えていただきたいと思います(彼等にも私達と同じ様に旅行や音楽・映画鑑賞、スポーツなど生活に張りを与えてくれる趣味があります)。私達家族は、この制度の「身上保護」の部分に大きな期待を寄せています。財産管理とともに、本人の暮らしの質が高まるよう、サービス提供者や家族との話し合いを続けていただきたいと思います。

（4）制度改善などについて、関係機関と連携する

　後見制度は、本人を護るものであると同時に、本人を縛るものになる可能性もあります。制度がどのように今後、改善されるかなど、関係の機関とよく連携をし、情報を得、その都度最善の方法を取り、よりよい後見活動を実践していただきたいと思います。

（5）後見人が続けられなくなったら、早めにバトンタッチを

　もし病気や事情で、後見人が続けられなくなったら、早めに裁判所など関係機関に相談をし、切れ目なく、次の人にバトンタッチしてください』

『後見人を「つける前」と「つけた後にも」知っておくこと

　～後見制度を利用しなくてはならない事態が、急に起こることが多いです。一旦つけたら生涯外すことが出来ない制度です。付けた後、こんなはずではなかったということにならないように、事前に制度のことを知っておくことがとても大切です。そこで、いくつかの留意点を挙げてみました～

●後見人を誰にするか、家族なのか、第三者後見人なのか、考えておきましょう。法人後見を考える場合も、信頼できる法人後見の情報を得ておきましょう。誰もいない場合、家庭裁判所が決めてくれますが、本人のことを全く知らない人が付く場合がほとんどです。

●どんな状況になったら、この制度を使うのか、家族で前もって話し合っておきましょう。そしていよいよ後見制度利用を考える時は、一人で考えずに、本人を大切に思ってくれている人たちに相談をしましょう。相談支援専門員さんや、社協の後見相談担当室の人なども、相談に乗ってくれます。

●本人のことを後見人さんに託すとき、本人に関する記録があることがとても大切です。

・本人が何を好きで、何をしたいかなど、記録しておきましょう。またどこで暮らして欲しいか、誰と暮らして欲しいか、家族の思いも伝えておきましょう。

・本人のお金については、今どんな使い方をしているのか、将来はどんなことに使って欲しいか、を記録しておきましょう。1カ月の収支・1年の収支・臨時の出費など、おおまかでよいので、記録しておくことが大切です。その記録は、後見の申請手続きの折にも、とても役に立ちます。

●申し立てをする前に

・障害のある人の後見期間は、高齢者のそれに比して非常に長いです。第三者後見人の場合、後見報酬額は、本人の資産や後見人の仕事の量によって、家庭裁判所が決めますが、後見報酬額の目

安は、ある程度わかります。前もって、関係者に聞き、報酬額を含めた資金計画を立てておくことも大事です。

・本人の資産が多いときは、後見信託の利用が義務付けられていたり、後見監督人が付く場合もあります。そのことも聞いておきましょう。

●後見人が決まったら

後見人が決まったら、我が子のことをしっかり伝えるとともに、後見人が、我が子のために具体的にどんな関り方をするのか、本人への訪問回数や報酬額についても、遠慮せず、きちんと聞いておきましょう。

●後見人をつけた後にも

後見人の活動など、どうしても納得できない場合、家庭裁判所に伝えましょう。家庭裁判所に、後見相談担当室の人や、信頼できる人に同行してもらうことも大事です。』

2　成年後見制度の基本

（1）成年後見制度とは
　知的障がい、精神障がい、認知症などによって判断能力が不十分な人（本人）に、権利を守る援助者（成年後見人等）を就けることで、本人を法律的に支援する制度です。

（2）法定後見制度と任意後見制度
　成年後見制度は、法定後見制度と任意後見制度があります。

図表3-1　成年後見制度

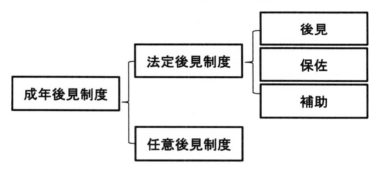

ア　法定後見制度
　家庭裁判所が成年後見人等を選任します。法（家庭裁判所）が定めるので、法定後見といいます。
　判断能力がある人は利用できず、判断能力が不十分になっている場合に利用できる制度です。

イ　任意後見制度
① 本人が十分な判断能力があるうちに
② 将来、判断能力が不十分な状態になった場合に備えて
③ あらかじめ自らが選んだ代理人（任意後見人）に

④ 自分の生活、療養看護や財産管理に関する事務について代理権
　を与える契約（任意後見契約）を
⑤ 公証人の作成する公正証書で結んでおく制度です[1]。
　自分で任意に定めるので、任意後見といいます。

（３）知的障がい者の利用

　判断能力がすでに不十分な知的障がい者は、次の場合を除いて
任意後見制度を利用することは難しく、主に法定後見制度を利用
することになります。
① 契約締結能力のある軽度知的障がい者である場合
② 未成年者である知的障がい者の親が、親権に基づいて、親が子
　を代理して契約する場合

---

[1] 法務省ホームページ　成年後見制度 成年後見登記制度
　http://www.moj.go.jp/content/001287467.pdf

3 法定後見制度

　家庭裁判所によって選ばれた成年後見人等（成年後見人、保佐人、補助人）に法律行為の代理権、同意権、取消権を与え、本人の財産管理と身上監護（本人の生活・医療・介護・福祉で必要になるサービスが受けられるよう、手配、契約の締結、支払いなどを行うこと）を行います。
　なお、身上監護は成年後見人等が自ら介護行為や世話をすることではありません。

（1）種類
　本人の判断能力に応じて、「後見」「保佐」「補助」の3つの制度があります。

図表3-2　後見、保佐、補助

法定後見制度	
後見	判断能力が欠けているのが通常の状態
保佐	判断能力が著しく不十分
補助	判断能力が不十分

ア　後見
　日常の買い物程度はできても、それ以上の財産の管理・処分等ができない状態です。
　成年後見人には、①取消権（日常生活に関する行為以外の行為）、②財産に関するすべての法律行為の代理権が与えられます。

イ　保佐
　借金、不動産の売買、訴訟行為、相続の承認・放棄、新築・改築・増築又は大修繕等、高度な判断能力が要求されることはできない状態です。

保佐人には、①民法 13 条 1 項所定の行為、申立てにより家庭裁判所が定める行為の同意権と取消権（日常生活に関する行為以外の行為）、②申立てにより家庭裁判所が定める行為の代理権が与えられます。

ウ　補助
　保佐よりも軽く、契約はできるものの不安があり、他者に支援してもらったり、代理で行ってもらったりする方がいい状態です。
　補助人には、申立てにより家庭裁判所が定める行為の同意権、取消権（日常生活に関する行為以外の行為）及び代理権が与えられます。

エ　後見に偏った利用
　どの種類になるかは、医師の診断書や鑑定を参考に家庭裁判所が決めますが、「後見」72.3％、「保佐」20.6％、「補助」7.1％（令和 2 年 1 月から 12 月までの 1 年間の申立）と、後見に偏っています [1]。
　保佐、補助が難解な制度設計で、保佐、補助に該当していても、単純で利用しやすい後見を申し立てる事情があるようです。

---

[1] 裁判所ホームページ「成年後見関係事件の概況」―令和 2 年 1 月〜12 月―」
https://www.courts.go.jp/vc-files/courts/2020/20210312koukengaikyou-r2.pdf

（2）申立て

　法定後見の開始の審判の申立ては、本人の住所地を管轄する家庭裁判所に行います。

　申立てができるのは、本人、配偶者、四親等内親族、市区町村長等に限定されています。

　申立書を作成し、診断書、戸籍謄本等を添付します。

　家庭裁判所が審理し、法定後見の開始の審判をすると同時に、成年後見人等を選任します。

　審理期間は個々の事案により異なりますが、4か月以内が約92.4%（令和2年1月から12月までの1年間）[1]となっています。

---

1 裁判所ホームページ「成年後見関係事件の概況」―令和2年1月～12月―」
https://www.courts.go.jp/vc-files/courts/2020/20210312koukengaikyou-r2.pdf

4 法定後見制度の評判と利用状況

（1） 法定後見制度の評判

　法定後見制度を必要とする知的障がい者がいることも事実で、財産管理の最終手段であることには、まったく異論はありません。

　ただ、知的障がい者の支援制度としては使い勝手のいい制度ではありません。

　「トラブルが頻発し、利用しないほうがよかった」と失望の声が相次いでいます。

　「利用者の生活の質と満足度を高め、利用者を助けるための制度なのに利用者を苦しめている」という批判があります。

　「利用者がメリットを実感でき、正しい運用ができているのか」という観点から、問題を解決していかなければならない制度なのです。

（2） 法定後見制度の利用状況

　法定後見制度は平成 12 年に認知症高齢者対策 [1] として、介護保険制度と同時に始まった制度ですが、介護保険制度と比較して普及の遅れが顕著です。

　全国で法定後見制度及び任意後見制度を利用した方がいい人は500 万人以上いると言われていますが、実際の利用者は 23 万人（令和 2 年 12 月末日時点）、5 ％弱に止まっています。

---

[1] 認知症高齢者対策として導入されたので、設計段階から知的障がい者向きではありません。
実際の開始原因別割合も認知症 64.1％、知的障がいが 9.9％です。
裁判所ホームページ「成年後見関係事件の概況　―令和 2 年 1 月〜12 月―」
https://www.courts.go.jp/vc-files/courts/2020/20210312koukengaikyou-r2.pdf

（3）放置厳禁

　どんな制度にも長所、短所があり、特に短所を知っておかないと、利用開始後に「こんなはずじゃなかった」ということになりかねません。

　以下で、法定後見制度の問題を説明していきますが、利用すべきかどうか迷っている方の判断材料としてください。ただし、「法定後見制度の利用を先送りする」判断をされた方は、必ず、信託や他の代替制度で対策を行うようにしてください。法定後見制度の利用を先送りしただけで、他になにも行動を起こさないと、将来、法定後見制度を利用するしか選択肢がない状態に追い込まれてしまうからです。

5 法定後見制度の担い手と選任方法

（1）担い手が福祉の専門家ではない

　法定後見制度は福祉的要素が強く、司法の関わりがある中で、最も行政に近い制度と言われていますが、福祉が専門ではない家庭裁判所に権限があります。

　加えて、担い手の弁護士、司法書士も福祉の専門知識や現場経験が十分だとは言えません。

（2）成年後見人等は家庭裁判所の職権で選任

　法定後見の開始の審判の申立て時、成年後見人等候補者欄は自由に記載できます。

　特に資格は必要なく、未成年者、破産者等の欠格事由（民法847条）に該当しなければ、誰でも候補者にできます。

　ただし、家庭裁判所が職権で成年後見人等を選任するので、候補者が必ず選任されるわけではありません（民法 843 条、876 条の 2 、876 条の 7 ）。

（3）選任傾向

　家庭裁判所は、専門職（弁護士、司法書士、社会福祉士等）の成年後見人等を選任する傾向です（令和2年は親族が約 19.7%、親族以外が約 80.3% [1]）。

　制度発足時は親族が9割を占めていたのですが、横領事件が多発し、家庭裁判所の監督責任を問われる裁判もあったため、専門職を選任する運営になりました（注　横領事件は専門職も多数引

---

[1] 裁判所ホームページ「成年後見関係事件の概況」―令和2年1月～12月―」
https://www.courts.go.jp/vc-files/courts/2020/20210312koukengaikyou-r2.pdf

き起こしています。）。

　平成31年3月に最高裁が「親族が望ましい」との考え方を示したので、選任傾向に変化があるかと注目していましたが、令和2年は令和元年（親族約21.8%、親族以外が約78.2%）よりも親族以外の割合が増加しています。

図表3-3　成年後見人等と本人との関係（令和2年）[1]

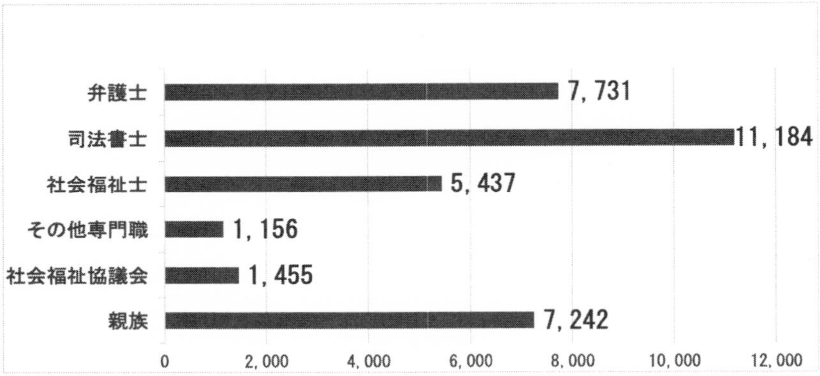

（4）不服申立て

　希望に沿わない人が成年後見人等に選任された場合であっても、そのことを理由に後見開始等の審判に対して不服申立てをすることはできません。

（5）申立ての取下げ

　申立てをすると、家庭裁判所の許可を得なければ取り下げることはできません。

　「申立人が候補者として推薦する人が成年後見人等に選任され

---

[1] 裁判所ホームページ「成年後見関係事件の概況　―令和2年1月～12月―」
https://www.courts.go.jp/vc-files/courts/2020/20210312koukengaikyou-r2.pdf

そうにない。」「成年後見人に加えて後見監督人が選任されるのは受け入れられない。」「費用が発生するのが負担なのでやめたい。」という理由では、原則として申立ての取下げは認められません。

（6）成年後見等の終了

本人の判断能力が回復したと認められる場合でない限り、本人が亡くなるまで続きます。したがって、知的障がい者は生涯利用することになります。

（7）親族の成年後見人等

親族が成年後見人等に選任されたとしても、財産を適切に管理する義務があるので、負担は大きくなります。

不適切な事務とされた場合には、損害賠償請求を受けたり、業務上横領罪で刑事責任を問われたりすることもあります。

また、成年後見人等は家庭裁判所に年一回、事務の状況を報告しますが、家庭裁判所は最初から一人前の成年後見人等であることを求めてきます。育てる考えはなく、相談所的なフォローは期待できないのですが、一方で、報告を怠ると専門職に変更になったり、専門職の成年後見監督人等が選任されたりします。

6　専門職の成年後見人等

（1）専門職の成年後見人の権限

　専門職の成年後見人が選任されると、「見ず知らずの赤の他人」であっても、預金通帳、カード等全財産を預け、契約を代理で行ってもらうことになります。

　生活費以外の支出は制限され、本人、家族も成年後見人の許可がないと自由にお金を使えなくなり、自分達のお金なのに頭を下げて受け取るような関係になりがちです。

　本人、家族以上に財産管理の権限を持ち、家族がいない場合には、自宅で通帳や現金を探す「家捜し」を行うこともあります。

（2）専門職の成年後見人等との出会い

　専門職の成年後見人等とは長い付き合いになり、新たな家族が増えるようなことなのですが、その出会いは「戦前のお見合い結婚のようなもの」だと言われています。

　これだけでも時代遅れ感があるのですが、現実はお見合いの場すら与えられず、現代風に言えば「交際0日婚」が実態に近い表現だと言えます。

　高圧的な態度の人、性格的に合わない人に当たる可能性がありますし、横領、虐待、ハラスメントも発生しています。

（3）専門職の成年後見人等の解任

　家庭裁判所は、成年後見人等に不正な行為、著しい不行跡その他法定後見の任務に適しない事由があるときは、これを解任することができます（民法846条、876条の2、876条の7）が、高圧的、性格的に合わない程度の理由では解任してくれません。

　戦前のお見合い結婚では、どうしても我慢できなかったら、離縁は認められていました。なかなか離縁が許されず、ひどい目に

遭わないと解放されないので、戦前のお見合い結婚以上に過酷な面があります。

　あるセミナーで、専門職の成年後見人を辞任に追い込んだ親御さんの経験談を聞いたことがあります。これは親御さんにとって精神的に厳しいことで、辞めさせるまでにかかったエネルギーを考えると、多くの方に合うやり方ではありません。

　仮に、家庭裁判所が解任してくれても、次の専門職を必ず選任します。後任の専門職が前任より良くなる保証はなく、かえって不適切な人になるかもしれません。

　辞めさせ方に問題があると、相手は法律のプロなので、訴えられることもあります。

7　専門職の成年後見人等の後見実態

（1）訪問頻度
ア　実態
　専門職の成年後見人等が、知的障がい者を訪問する頻度については決まりがあるわけではありませんが、知的障がい者をよく知り適切な事務を執り行うためには、一定の回数は必要です。
　次の①～③は専門職の成年後見人等（未成年後見人含む）の活動状況を表した厚生労働省資料です[1]。
① 成年後見人等が本人（知的障がい者）に月1回以上面会する割合
　弁護士は4.3％、司法書士は24.2％です。

図表3-4　成年後見人等が本人に月1回以上面会する割合

単位：％

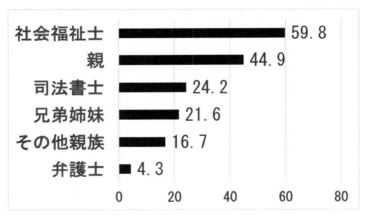

1 厚生労働省ホームページ 平成29年度障害者総合福祉推進事業 成年後見制度の利用実態把握及び法人後見の活用に関する研究報告書　実施法人 社会福祉法人昴
https://www.mhlw.go.jp/content/12200000/000307920.pdf

② 面会頻度が「年1〜2回」「ほぼ来ない」の割合
　弁護士は76.6%、司法書士は43.4%です。

図表3-5　面会頻度が「年1〜2回」「ほぼ来ない」の割合

単位：%

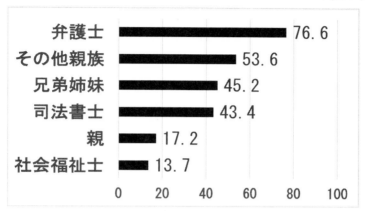

③ 1回の面会時間が10分以下の割合
　弁護士は25.0%、司法書士は24.5%です。

図表3-6　1回の面会時間が10分以下の割合

単位：%

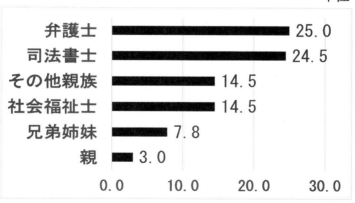

イ　解説

　訪問頻度にある程度の幅を許容しても、年に1～2回以下では不十分で、適正な活動を行っているとは言い難いものです。

　知的障がい者本人と会わない、会っても話すらしないのではどうやって本人の意思を知ることができるのでしょうか。

　このようなネグレクト的な対応だけでなく、面会しても、暴力、暴言による虐待、ハラスメントの問題もあります。

（2）専門職の成年後見人等の報酬

　収入源が限られている知的障がい者が、月額2～6万円の専門職報酬を一生負担し続ける問題があります。

　報酬額は専門職と話し合って決定するのではなく、家庭裁判所が、成年後見人等及び成年被後見人等の資力その他の事情によって、成年被後見人等の財産の中から、相当な報酬を成年後見人等に与えることができる（民法862条）としています。

　「成年後見人等の基本報酬のめやすとなる額は、月額2万円です。ただし、管理財産額（預貯金及び有価証券等の流動資産の合計額）が、1,000万円を超え5,000万円以下の場合には月額3万円～4万円、5,000万円を超える場合には月額5万円～6万円。」とされています [1]。

　さらに、「身上監護等に特別困難な事情があった場合には，上記基本報酬額の50パーセントの範囲内で相当額の報酬を付加する。」「特別の行為をした場合には、相当額の報酬を付加することがある。」としています。

1　裁判所ホームページ「東京家庭裁判所　東京家庭裁判所立川支部　成年後見人等の報酬額のめやす」より抜粋
http://www.courts.go.jp/tokyo-f/vcms_lf/
130131seinenkoukennintounohoshugakunomeyasu.pdf

知的障がい者の成年後見等の開始年齢は 40 歳程度からが多く、後見期間が 50 年、報酬総額が 3,600 万円を超える可能性もあります。

本人財産は本人のために使われるもので、それには成年後見人等への報酬も含まれますが、負担額が過大な状態です。

図表3-7　専門職の成年後見人等の期間別報酬総額

単位：万円

月額報酬	期間						
	1年	5年	10年	20年	30年	40年	50年
6万円	72	360	720	1,440	2,160	2,880	3,600
5万円	60	300	600	1,200	1,800	2,400	3,000
4万円	48	240	480	960	1,440	1,920	2,400
3万円（平均値）	36	180	360	720	1,080	1,440	1,800
2万円	24	120	240	480	720	960	1,200

（3）お金の使い方

本人が欲しがっているテレビの購入を承認しないという事例もあったようで、知的障がい者の生活を豊かにするためにお金を使えていないという指摘があります。

お金の使い方の統一的な決まりがなく、専門職の価値観に左右されます。

（4）報酬とサービスのアンバランス

専門職の報酬はどんぶり勘定で、何もしなくても定額発生する眠り口銭的な性質があり、報酬額とサービスのバランスがとれていないという指摘があります。

年1回も面会せず、年1回家庭裁判所に事務負担の軽い報告書（チェック方式）を郵送するだけで、年間報酬額が24万円〜72万円、時給換算すると数十万円の商売になりうるのです。

（5）成年後見制度利用促進基本計画

平成29年3月24日に閣議決定された成年後見制度利用促進基本計画（計画期間：平成29年度〜令和3年度）の施策の一つに、「利用者がメリットを実感できる制度・運用の改善」があり、「適切な後見人等の選任・交代の推進」「後見人等の報酬」が検討されています。

令和2年3月17日に、成年後見制度利用促進専門家会議が同計画の中間検証報告を行っています[1]。

「後見人等の報酬については、本人や親族から、後見人等が身上保護等の観点も踏まえた十分な後見事務を行っておらず後見人等への報酬支払について負担感が大きいと感じられるケースがあるとの指摘がある一方で、専門職団体等から、本人の財産が少ない事案では、後見人等の行った事務の量や専門性等に見合う報酬額が付与されていないとの指摘もある。

後見人等の報酬の在り方は、後見人等を選任する際に期待した役割を後見人等がどのように果たしたかという評価の問題であり、後見人等の選任の在り方とも密接に関連することから、適切な後見人等の選任・交代の在り方と併せて、最高裁判所及び専門職団体において継続した議論が行われるとともに、利用者の立場を代表する団体からのヒアリングが行われた。」

今後の対応として、

「報酬の在り方等については、利用者の立場を代表する団体からのヒアリング等を踏まえ、利用者がメリットを実感できる制度・

---

1 厚生労働省ホームページ　成年後見制度利用促進基本計画に係る中間検証報告書
https://www.mhlw.go.jp/content/12201000/000609673.pdf

運用に改善する観点から検討することが望まれる。本人の資産が少ない場合においても制度を適切に利用することができるようにすることが重要であり、そのためには、担い手の確保とその報酬の在り方、申立費用や報酬の助成制度の推進等について併せて検討していく必要がある。報酬の算定に当たっては、身上保護や意思決定支援等を重視した運用とする観点や、成年後見制度の担い手を確保する観点も踏まえ、財産管理事務のみならず身上保護事務についても適切に評価し、後見人等が実際に行った事務の内容や負担等に見合う報酬とすることや、一定の目安を示すことなどにより予測可能性を高めて分かりやすいものとすること、後見人等の事務負担にも配慮した手続とすることが望まれる。」

（6）専門職へのお願い

　先述の厚生労働省資料「成年後見制度の利用実態把握及び法人後見の活用に関する研究報告」は多くの関係者の協力で、作られたものです。突き動かしたのは、制度を改善したいという切実な願いです。

　アンケート結果で他の専門職の後見活動実態を知り、「自分だけじゃない」と怠慢な後見活動を正当化したり、これまできちんと活動してきた専門職のモチベーションが下がったりしないようお願い申し上げます。

8 専門職の後見人等の不正

（1）専門職の後見人等の不正件数

専門職の後見人等の不正件数は、再び増加傾向になっています。

図表3-8 専門職の後見人等の不正件数・被害額 [1]

	平成25年	平成26年	平成27年	平成28年
件数（件）	14	22	37	30
被害額	約9千万円	約5億6千万円	約1億1千万円	約9千万円

	平成29年	平成30年	令和元年	令和2年
件数（件）	11	18	32	30
被害額	約5千万円	約5千万円	約2億円	約1億5千万円

（2）不正件数に対する解説

専門職の講演会では、次のような解説をよく聞きます。

「不正のほとんどが親族で、専門職の不正は1割程度と少ない。」

令和2年の専門職の不正は30件、被害総額は1.5億円です。これは「30件しかない」と考えるのか、「30件もある」と考えるのかと問われれば、筆者は「30件もある」と答えます。年間30件、月間平均で2.5件の不正が発覚しているわけで、赤の他人が財産管理を行う事の重大さを考えると、どういう基準で不正が少ないという解説をしているのか、理解に苦しみます。

また、100%悪意を持って行う専門職の不正と、悪意がなく軽い気持ちで行った行為を不正とされてしまったことも含む親族の不正を比較して、専門職の不正は少なく安心だともとれるような解説は、専門職の不正を過小評価していると考えます。

---

1 裁判所ホームページ「後見人等による不正事例」

https://www.courts.go.jp/vc-files/courts/2020/koukenhuseijirei-h23-R02.pdf

図表3-8での後見人等とは、成年後見人、保佐人、補助人、任意後見人、未成年後見人及び各監督人です。

（3）専門職の後見人等の不正の性質

　筆者は、専門職の不正件数が親族より少なくなっている理由の一つとして、「素人である親族の不正は見抜かれやすく、プロである専門職の不正は見抜かれにくい」という事情もあるのではないかと考えています。専門職の不正は発覚分だけで年間 30 件もあるのですが、発覚を逃れているものも相当数あるのではないでしょうか？

（4）専門職の後見人等が不正を行う環境

　筆者は金融機関で勤務してきたのですが、金融機関では不正防止策がさまざまに張り巡らされています。

　例えば、執務室、金庫には監視カメラが設置され、あらゆる角度から担当者を写し記録しています。

　現金を扱う部署の担当者は 5 年で異動させるルールもあります。この 5 年ルールは、長期間担当が替わらないと、不正を発見しにくく、被害額も大きくなるという経験則に基づいたものです。

　このような対策をしていても、不正は一定割合で発生し、撲滅することはできないのですが、この経験から、専門職の職場環境を見ると不正の誘惑がいっぱいな状態です。

ア　他人の目がない執務室

　金融機関のように、監視カメラに囲まれた執務室ではなく、悪事の抑制効果がある「他人の目」がありません。

　さらに精巧なコピー機など、悪事をはたらく者たちを助ける技術も進んできています。

イ　家庭裁判所だけへの報告義務

　後見人等は、家庭裁判所に年一回報告書を提出しますが、家族に報告をすることは専門職のご厚意によるものとされており、実

際行っていないこともあります。

多くの人の目に触れることで不正防止になり、不正を発見できるのですが、そのような仕組みになっていません。

ウ　家庭裁判所の不正発見力

家庭裁判所の不正発見力も強いとは考えられません。

筆者は、家庭裁判所で「後見人等からの報告書を性悪説、性善説のどちらで見ているのか？」と質問したことがあります。不正があるものと疑って見るのと、そうでないのでは不正発見率が変わってくるからです。

回答は「報告書の形式が整っていれば問題なしとしている。性善説とまでは言わないけれど性悪説ではない。」でした。

エ　家族による預金口座管理ができない

専門職の成年後見人に通帳を預けるため、家族による預金口座の残高確認が難しくなります。

金融機関は本人確認を厳格化しており、家族であっても残高照会には応じないため、不正発見が難しくなっています。

オ　長期間担当者が同じ

知的障がい者の後見では、同じ専門職が数十年にわたって担当することもあります。

金融機関の５年ルールを考えると、危険な運営です。

カ　不正抑止力が弱い

認知症高齢者の後見期間は平均数年で、本人が死亡すると成年後見人等の任務は終了となり、財産は相続人に引渡されます。その時、財産の減少額が大きいと、成年後見人等の不正を疑うことができます。

一方、知的障がい者の後見期間は長期間で、死亡後の不正発見

は何十年も先になり、死亡時に相続人がいないこともあります。

　悪事を働く専門職は、本人の寿命を計算しながら行うので、知的障がい者は高齢者より被害を受けやすいと言えます。

図表3-9　認知症高齢者と知的障がい者の比較

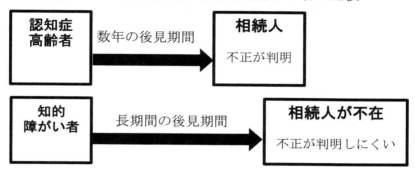

キ　その他

　筆者の主観ですが、金融機関で不正をはたらいた人には、人柄のいい人が多いと思われます。

　不正発覚時、「あの人が？」という驚きがあるのですが、人が良く、付き合いが派手になったり、借金の保証人になったりして、追い詰められて犯行に及んでいます。

　成年後見人等には人柄のいい専門職になってもらいたいものですが、不正をはたらく人に人柄のいい人が多いことは皮肉なものです。

9 後見制度支援信託

（1）導入の経緯
　後見制度支援信託は、家庭裁判所が関与して、成年被後見人及び未成年被後見人の財産を信託財産として適切に管理・利用するための制度です。
　親族の後見人による不正防止目的で導入されました。

（2）仕組み
　本人の財産のうち、日常生活に必要な金銭を後見人が管理し、通常使用しない金銭を信託銀行等に信託します。
　信託財産を払い戻したり、信託契約を解約したりするには、あらかじめ家庭裁判所が発行する指示書が必要になります。
　信託財産は金銭に限られ、不動産・動産は対象外で、後見制度支援信託を利用することを目的として、売却することは想定されていません。
　信託財産は、元本が保証され、預金保険制度の保護対象にもなります。

（3）手続き
ア　家庭裁判所
　家庭裁判所は、後見制度支援信託の利用を検討すべきと判断した場合には、弁護士、司法書士等の専門職を後見人に選任します。

イ　専門職の後見人
　専門職の後見人は、後見制度支援信託の利用に適していると判断した場合には、財産を信託する信託銀行等や信託財産の額を決めたうえ、家庭裁判所の指示を受けて、信託銀行等との間で信託契約を締結します。

ウ　親族の後見人

　専門職の後見人は、関与の必要がなくなれば辞任し、親族の後見人に対して財産の引継ぎが行われます。

（４）費用

　信託契約の締結に関与した専門職の後見人に対する報酬と信託銀行等に対する報酬が発生します。

　専門職の後見人に対する報酬は、家庭裁判所が、専門職が行った仕事の内容や本人の資産状況等の事情を考慮して決めます。

（５）メリット、デメリット

ア　メリット

　親族の後見人は、日常的に必要な金銭を管理することが中心になり、負担が軽減されます。

イ　デメリット

　株式等の金融商品は個別の事案ごとに売却・換金を検討しますが、半ば強制されることもあるようです。

（６）利用状況

　親族が後見人であるすべてにおいて利用されるわけではありませんが、家庭裁判所が利用を推進しているので、令和2年12月までの累計利用者数は 27,257 人 [1] となっています。

（７）注意事項

　なお、後見制度支援信託の対象となるのは、成年後見及び未成年後見のみであり、保佐、補助及び任意後見では利用できません。

---

1 裁判所ホームページ「後見制度支援信託等の利用状況等について　―令和2年1月から12月―」https://www.courts.go.jp/vc-files/courts/2021/20210528sintakugaikyou_R02.pdf

図表 3-10　後見制度支援信託の仕組み 1

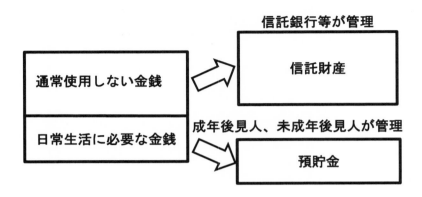

図表 3-11　後見制度支援信託の仕組み 2

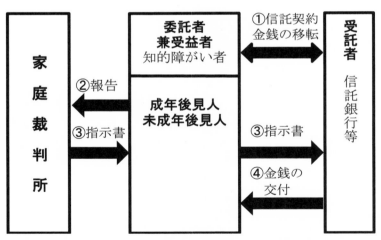

信託契約締結後は、一時金交付、定期交付金額の変更、追加信託、解約の時に、家庭裁判所の発行する指示書が必要になります。

第４章

信託と法定後見制度の比較

1 信託と所有権

（1）所有権

　所有者は法令の制限内において、自由にその所有物の使用、収益及び処分をする権利を有しています（民法 206 条）。

　他人から干渉されることはなく、所有物を支配する権利を所有権といいます。

　所有権は、①使用・収益権と②管理・処分権が不可分一体になった物権です。

（2）信託

　信託は、①使用・収益権と②管理・処分権に分け、それぞれを別の人が有することができる仕組みです。

① 使用・収益権

　有する人が受益者

② 管理・処分権

　有する人が受託者

　この仕組みがあることで、知的障がい者の財産管理で使い勝手がよくなります。

図表 4-1　所有権と信託

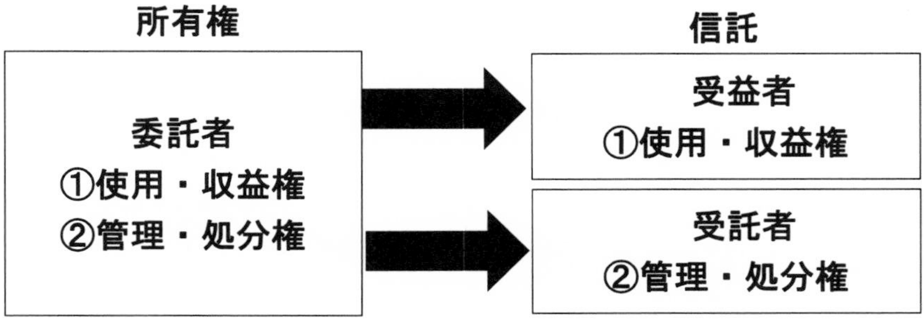

（３）所有権と信託の流れ

ア　所有権

　知的障がい者が、財産の所有権（①使用・収益権、②管理・処分権）を有した後、自身で管理・処分ができない場合、成年後見人等を選任し、代理権、同意権、取消権を与えます。

図表４-２　所有権の流れ

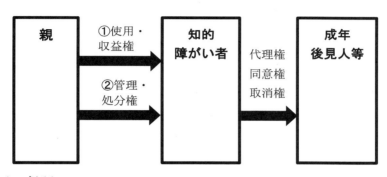

イ　信託

　委託者（親）が信託設定をすると、受益者（知的障がい者）は、①使用・収益権だけを有し、②管理・処分権は受託者（兄弟姉妹など）に移ります。

図表４-３　信託の流れ

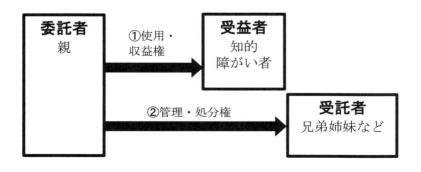

ウ　まとめ

　知的障がい者が所有権を有すると、自身で管理・処分ができない場合には、法定後見制度を利用することになります。

　理想としては、知的障がい者は、①使用・収益権だけを有したいのですが、信託を利用すると、①使用・収益権だけを有することができます。

（4）賃貸マンションの事例

　賃貸マンションの事例で、所有権と信託の比較を行います。

ア　所有権

　次の①使用・収益権と②管理・処分権が一体になります。

① 使用・収益権

　(a) 入居者から家賃、礼金を受け取る

　(b) マンション売却代金を受け取る

② 管理・処分権

　(a) 入居者と賃貸借契約をする

　(b) 工事業者と修繕契約をする

　(c) 売買契約をする

　所有者は、使用・収益権のために、大家の仕事である管理・処分等を行いますが、知的障がい者が所有者になり、自身でできない場合には、成年後見人等を選任します。

イ　信託

　信託では、②管理・処分権を受託者に移し、受益者（知的障がい者）は、①使用・収益権だけを有します。

　受託者が大家の仕事を行ってくれるので、知的障がい者は大家の仕事をすることなく、経済的利益を享受できます。

（5）障害年金、賃金

　知的障がい者には、どうしても所有権が生じてしまう財産があります。

　本人への支払いになる障害年金と賃金です。

　他者への支払いを可とすると、知的障がい者から搾取する不届き者がいるため必要なルールですが、受託者名義である信託口座への直接入金が難しくなります。

　「障害年金や作業所の賃金には手を付けず、将来に備えてプールしている」という親御さんの話をよく聞きます。できる限り財産を遺しておいてあげたい気持ちは同じですが、お金を入れておく器には気を付けなければいけません。

　知的障がい者名義の預貯金口座の残高が積み上がった状態で、法定後見制度を利用することになると、専門職の成年後見人等が選任される確率が高くなり、報酬額も高く設定されてしまうからです。

2 申立て、設定

（1）法定後見の開始の審判の申立て

　法定後見の開始の審判の申立ては、親でなくとも四親等内の親族や市区町村長等が行えます。

（2）信託設定

　次の場合を除いて、判断能力の不十分な知的障がい者が委託者となり信託契約をすることは困難です。

① 契約締結能力のある軽度知的障がい者である場合
② 未成年者である知的障がい者が親権者に代理してもらい信託契約を締結する場合

　①②以外で、知的障がい者が信託契約をする場合、成年後見人等が必要になるのですが、法定後見のかわりに信託契約をしようとしているにもかかわらず、成年後見人等がいないと信託契約ができない状態になってしまいます。

　以上のことより、知的障がい者支援信託は、親の判断能力があるうちに、親が信託設定しないと、利用が難しくなります。

3　死後事務

（1）死後事務
死後事務には次のものがあります。
① 葬儀
② 埋葬（霊園墓所の選定、墓石の建立、墓所の管理）
③ 位牌、仏壇等祭祀財産の購入、管理
④ 年忌法要等祭祀行為
⑤ 永代供養
⑥ 生前の債務の弁済（医療費、入院費、公共料金）
⑦ 障害年金や預金口座の処理
⑧ 財産の処分
⑨ 遺品の整理

（2）知的障がい者の死後事務
死亡時に相続人がいない場合には次の問題が生じます。
① 死後事務を行う人がいない
② 財産が最終的に国庫に帰属

（3）成年後見での死後事務
ア　成年後見人の死後事務
　成年被後見人である知的障がい者が死亡すると、成年後見は終了し、成年後見人は法定代理権等の権限を喪失します（民法 111条１項、653 条１号）。
　実務上、成年後見人が死後事務を行うこともありますが、委任契約がないと、成年後見人は事務処理ができないとされています。

イ　民法改正
　平成 28 年の民法改正で、成年後見人は次の①〜③の死後事務を行うことができるようになりました（民法 873 条の２）。

ただし、成年後見のみを対象としており、保佐、補助、任意後見及び未成年後見には適用されません。

① 相続財産に属する特定の財産の保存に必要な行為

　　例 相続財産に属する建物を修繕する行為

② 弁済期が到来した債務の弁済

　　例 成年被後見人の医療費、入院費及び公共料金等の支払

③ 火葬又は埋葬に関する契約の締結その他相続財産全体の保存に必要な行為（①②に当たる行為を除く）

　　例1 遺体の火葬に関する契約の締結

　　例2 電気・ガス・水道等供給契約の解約

（4）死後事務委任契約＋信託契約

　民法改正で、成年後見人が一部の死後事務を行えるようになりましたが、かなり限定的な内容です。

　親が知的障がい者の死後事務を委任する契約と死後事務費用に充てる金融資産を管理する信託契約を結ぶことで、年忌法要等祭祀行為、お墓、位牌、仏壇等祭祀財産の管理が可能になります。

（5）親の死後事務委任契約＋信託契約

　知的障がい者以外に相続人がいない場合には、親の死後事務についても対応が必要で、親族、第三者に依頼して、確実に履行してもらう方法を決めておきます。

　従来は、負担付遺贈（死後事務を負担させる見返りに財産を遺贈）で行うことが多く、受遺者が負担を履行するかどうかは確実ではありませんでした。

　死後事務委任契約と信託を併用することで、死後事務履行の確実性を上げることができます。

164

4　財産運用

（1）法定後見での財産の運用

　法定後見は財産を維持するのが目的であるため、積極的な財産の運用はできません。

　この方針は、認知症高齢者の法定後見では支持できます。例えば、80 歳の高齢者が今後 30 年～50 年生きる可能性は低く、財産の運用よりも維持で十分だからです。

　一方、後見期間が長期間になる知的障がい者に、一律この方針を当てはめると不都合な面もあります。

（2）信託での財産運用

　信託契約等に明記すれば、積極運用が可能です。

　ただし、現在はほとんどの証券会社が信託口座対応をしていないので、株式等での運用は難しい状態です。

　平成はデフレに悩まされましたが、令和ではどうなるかわかりません。統計上の物価は上昇していない状態が続いていますが、幼いころにオイルショック時の狂乱物価を体験した筆者は、インフレへの備えも必要だと考えます。

5　自宅の管理、売却

（1）自宅の管理

　グループホームが満員だと待機することになりますし、知的障がい者が単独で不動産を賃借することも難しいものです。

　できれば自宅を持たせたいものですが、知的障がい者が自宅を所有することは簡単なことではありません。自身で、固定資産税、火災保険、修繕その他の管理をしなければならないからです。

（2）法定後見での自宅の売却

　知的障がい者が単独で不動産売買契約を行うことは難しく、不動産仲介業者、登記を行う司法書士も、名義人である知的障がい者の売却意思確認ができないと手続きを進めてくれません。

　知的障がい者が居住用不動産（自宅）を売却する場合には、成年後見人が必要になり、家庭裁判所の許可を得なければなりません（民法859条の3）。

　「施設に入るのでその費用を捻出するために自宅を売却する。」という理由で、許可されることもあるようですが、家庭裁判所の許可はおりにくく、預貯金などがあれば、そちらを先に使うよう指示されることもあります。

（3）信託での自宅の管理、売却

　信託を利用すると、法定後見制度より柔軟な対応が可能になります。

　受託者が知的障がい者の自宅を管理し、受託者の判断で家庭裁判所を関与させることなく売却できます。

6 知的障がい者支援と認知症高齢者支援の比較

（1）知的障がい者支援と認知症高齢者支援は異なる

　知的障がい者と認知症高齢者は、判断能力が不十分で他者の支援を受けることは同じです。そのため、同じように説明されることが多いのですが、両者は似て非なるもので、同じ考え方で信託と法定後見制度を利用できるわけではありません。

　以下では、両者の違いを通して、信託と法定後見制度の比較を行います。

（2）認知症高齢者の支援方法

ア　認知症高齢者とは

　認知症高齢者は、もともとは判断能力があった人で、人生の終盤で判断能力を喪失し、財産の管理・処分等が困難になった人です。

イ　認知症高齢者の支援方法

　事前対策として「信託」と「任意後見制度」、事後対策として「法定後見制度」があります。

ウ　高齢者は全員が認知症になるわけではない

　認知症になる人は増加傾向ですが、それでも令和7年（2025年）に65歳以上高齢者で認知症になるのは約5人に1人（厚生労働省推計[1]）と予想され、認知症にならない人が約8割を占めます。

---

[1] 厚生労働省ホームページ　認知症施策推進総合戦略（新オレンジプラン）（概要）
https://www.mhlw.go.jp/file/06-Seisakujouhou-12300000-Roukenkyoku/nop1-2_3.pdf

エ　法定後見制度の利用

　認知症になっても、法定後見制度を利用しなくて済むことがありますし、法定後見制度を利用することになっても、平均数年間で、専門職への報酬額も多額にはなりません。

オ　信託、任意後見制度の利用

　事前対策として信託や任意後見制度を利用しても、8割の確率で認知症にならなかった場合、かかった費用が無駄になることもあります。

カ　まとめ

　以上より「2割の確率で認知症になってしまったら、法定後見制度を利用すればいい」と、割切ることが可能な高齢者も一定数います。
　筆者は、法定後見制度を否定しているわけではないと述べてきましたが、認知症高齢者の対策として有効な方法だと考えています。

キ　例外

　ただし、会社オーナーや不動産賃貸を行っているような高齢者は、判断能力喪失時の損失が大きくなるうえ、法定後見制度では解決策にならないことも多くあります。したがって、信託や任意後見制度で事前対策を行うことが求められます。
　知的障がい者の親も、事前対策が必要な高齢者になります。法定後見制度では、原則親自身のことにしかお金を使えず、知的障がい者のための支出が制限されるからです。

（3）知的障がい者の支援方法
ア　知的障がい者とは

　本書では、「おおむね 18 歳までに明らかになる知的障がいを持

ち、生涯を通して財産の管理・処分等が困難な人」としています。
　つまり、生涯を通して判断能力が不足しており、健常な状態が
ない人です。

イ　知的障がい者の支援方法

　判断能力がすでに不十分な知的障がい者は、次の場合を除いて
任意後見制度の利用は難しくなります。
① 契約締結能力のある軽度知的障がい者である場合
② 未成年者である知的障がい者の親が、親権に基づいて、親が子
　を代理して契約する場合
　したがって、事前対策として「信託」、事後対策として「法定後
見制度」となります。

ウ　親亡き後は全員にやってくる問題

　高齢者の認知症は２割の確率で発生するものでしたが、知的障
がい者の親亡き後は、子が先に亡くならない限り、必ず生じます。

エ　法定後見制度の利用可能性

　家族の事情によっては、法定後見制度を利用しなくて済むこと
もあるのですが、数十年にわたる支援期間中にどのようなことが
起こるのか分かりません。その時に、事前対策をなにもしていな
いと、法定後見制度しか選択肢がないことになります。

オ　まとめ

　知的障がい者の親亡き後は、必ず他者に財産管理を任せること
になります。
　そして、これにかかる費用をゼロで済ますことは、かなり難し
くなります。したがって、財産管理方法の選択においては、総費
用をどれだけ抑えることができるかが判断基準になります。
　法定後見制度は、利用開始時から費用が発生しますが、終生ラ

ンニングコストがかかり続けます。

　信託は、設定時に費用が発生しますが、ランニングコストを抑えることができ、長期間になるほど有利な仕組みになっています。

　なお、現在の信託設定費用の相場は、不動産や億円単位の金銭の信託にならない限り、100万円を超えることは少ないようです。

図表4-4　知的障がい者支援と認知症高齢者支援の比較

	信託	法定後見制度	任意後見制度
知的障がい者	◎ ・事前対策として信託を利用	△ ・事後対策として利用 ・期間が長く、報酬額が多額になる	× ・軽度知的障がい者、未成年者の知的障がい者の親が親権で契約する場合を除いて利用は難しい
認知症高齢者	○ ・事前対策として、信託又は任意後見制度を利用	○ ・事後対策として利用 ・期間が短く、報酬額も多額にならない	○ ・事前対策として、信託又は任意後見制度を利用

コラム　法定後見制度の見直し

　法定後見制度は、認知症高齢者支援に合わせた設計となっているため、知的障がい者の使い勝手が悪くなっています。

　中でも、一生利用し続けなければならない運用は厳しく、必要なときにだけ利用する限定後見を可能にしてもらいたいものです。

　将来、ＡＩ（人工知能）を活用するなどして、人手と費用をかけずに財産管理ができるようになるかもしれません。このようなことが実現したときに、法定後見制度を止めることができない状態は避けたいものです。

7 成年後見人等にしかできないこととは?

（1）併用論
　「信託は財産管理制度で、身上監護は成年後見人等にしかできない。」とし、信託と法定後見制度の併用を勧める説明をよく聞きます。
　本当にそうなのでしょうか?

（2）成年後見人等にしかできないこと
　成年後見人等ができることは、財産管理、遺産分割協議、身上監護、本人が締結した不利益な契約の取消しがあります。
　このようにできることはたくさんあるのですが、このうち「成年後見人等にしかできないこと」は何があるのでしょうか?

ア　財産管理
　信託や親族等の財産管理で対応できるので、「成年後見人等にしかできないこと」ではありません。
　事前対策をすれば、財産管理を申立ての理由とする法定後見制度の利用は先送りでき、利用しなくて済むことも可能です。

イ　遺産分割協議
　親が何も対策を行わないで相続になると、遺産分割協議を行うことになり、知的障がい者が協議を理解できない、署名や実印登録が難しい場合には、成年後見人等が必要になります。
　つまり、「成年後見人等にしかできないこと」が生じてしまいます。
　親が信託（信託財産は遺産分割協議の対象にならない）と遺言執行者を指定した遺言（知的障がい者の署名、実印がなくても手続きが可能）で事前対策を行っておくと、遺産分割協議を回避でき、成年後見人等を選任しなくて済みます。

ウ　身上監護

①　身上監護とは

　本人の生活・医療・介護・福祉で必要になるサービスが受けられるよう手配、契約、支払いなどを行うことです。

　具体的には、福祉サービス等の契約、医療施設への入院手続と医療費の支払い、日常生活の見守り、福祉サービスの処遇監視と改善要求などが挙げられます（成年後見人等が自ら介護行為や世話をするわけではありません。）。

　このなかで、福祉サービス等の契約以外は、明らかに「成年後見人等にしかできないこと」ではなく、親族、施設職員で対応できるものです。

②　福祉サービス等の契約

　筆者居住地に近い 20 の施設に対して、「成年後見人等でしか契約できないのか？」というヒアリングをしたところ、全ての施設から「親族や身元引受人との契約を可としており、成年後見人等に限定した対応はしていない。」という回答を得ました。

　念のため、市役所や社会福祉協議会にも問い合わせたところ、「家族が亡くなっていたりして連絡先が全くない場合には、成年後見人等と契約を行いますが、親族や身元引受人がいる場合は、成年後見人等に限定していない。」ということでした。

　以上より、福祉サービス等の契約は「成年後見人等にしかできないこと」ではありません。

　ただし、全国すべての施設を調べたわけではなく、地域によっては、成年後見人等でないと契約をしない施設があるらしい、ということを聞きます。

　そういう施設に当たってしまった場合には、言いなりになるのではなく、「絶対に成年後見人等でないと契約できないのか？」と質すことは行うべきです。深く考えずにそのようにしていることも考えられますし、同じ日本国内で成年後見人等に限定しない施

172

設が数多くあるわけですから、交渉することで覆る可能性もある
からです。

エ　本人が締結した不利益な契約の取消し

① 意思能力制度

　意思能力とは行為の結果を判断するに足るだけの精神能力のこ
とで、意思能力を有しない者がした法律行為は無効となる制度で
す。

例 意思能力を有しない知的障がい者が締結した売買契約の無効
を主張して、代金の返還を求めることが可能。

② 意思能力制度の明文化

　判例・学説上は異論なく認められ、実際にも活用されてきまし
たが、令和２年４月１日の民法改正で明文化されました。
「法律行為の当事者が意思表示をした時に意思能力を有しなかっ
たときは、その法律行為は、無効とする（民法３条の２）。」

③ 取消しと無効の違い

　取消しは、法律行為をなかったことにすることで、取消し
までは法律行為は有効です。
　無効は法律行為がもともと効力を生じないこととし、無かった
ものとして取り扱われます。

④ 法定後見制度に与える影響

　法定後見制度を利用するには、事前に家庭裁判所の審判を得て
いなければならないのですが、意思能力制度は事前に家庭裁判所
の審判を得ていなくても利用できます。
　今後は「成年後見人等にしかできない取消権」から意思能力制
度での対応が増えるものと予想されます。

オ　まとめ
　以上より、「成年後見人等にしかできないこと」は限定的です。
　実務においては、本当に「成年後見人等にしかできないこと」
なのか十分検討し、他の手段で対応できる間は、法定後見制度の
利用を先送りできるように、対策を立てていきます。
　裏を返せば、検討の結果、「成年後見人等にしかできないこと」
が残ってしまった場合、法定後見制度の利用を決断する時だと言
えるのです。

8 家族→信託→法定後見制度

（1）考え方
　知的障がい者支援は、親が元気な間は親を中心とした家族で行います。
　親が認知症になったり、死亡したりして、家族機能が失われてくると、法律や制度で補いますが、まだ兄弟姉妹等が対応できる間は信託を利用します。
　兄弟姉妹等が認知症になったり、死亡したりして、家族機能がかなり失われた段階になると、法定後見制度に移行します。
　親亡き後に、いきなり法定後見制度を利用するのではなく、残された家族機能を活かせる信託を利用することで、法定後見制度の利用を先送りでき、安価で自由度の高い対応が可能になります。

図表4-5　家族→信託→法定後見制度

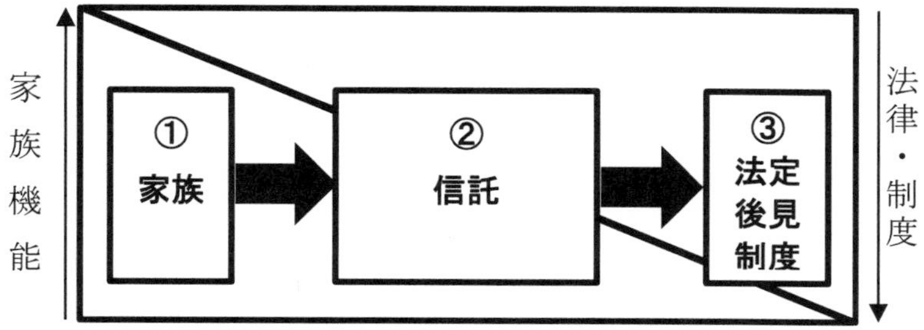

① 家族
　親が元気な間は親を中心とした家族で支援をします。
② 信託
　親の認知症、死亡で家族機能が失われてきたが、兄弟姉妹等で対応できる間は信託を利用します。
③ 法定後見制度
　兄弟姉妹等の認知症、死亡で家族機能がかなり失われ、信託の維持が難しくなると法定後見制度に移行します。

（２）信託設定のタイミング

　信託は、親の判断能力が失われてしまうと設定が難しくなるので、健康な時に設定しなければなりません。

図表４－６　信託→法定後見制度への移行

親の状態	①健康	②認知症	親亡き後	
			②第一段階	③第二段階
親→知的障がい者	信　託			法定後見制度

① 親が健康

　親が健康な間は家族機能を使って支援しますが、信託はこの段階で設定します。

② 親が認知症、親亡き後の第一段階

　信託が本格稼働し、親亡き後の第一段階（受託者である兄弟姉妹等が健康な間）までカバーします。

③ 親亡き後の第二段階

　受託者である兄弟姉妹等の認知症、死亡で、信託の維持が難しくなると法定後見制度に移行します。

（３）信託の利用

　新しい信託法が施行された平成19年までは、家族機能が残っていても、法定後見制度しか選択肢がありませんでした。現在は中間に信託があるので、まず信託で対応することが可能になっています。

　信託法改正時には、財産管理制度として法定後見制度があり、信託へのニーズが本当にあるのか疑問視されていましたが、法定後見制度の使い勝手の悪さが信託の守備範囲を広くしていることは皮肉なものです。

第5章

信託とその他の財産承継方法
の比較

1 信託と遺言の比較

　相続人が全員健常者の場合、遺言で十分なときもあるのですが、相続人に知的障がい者が含まれる場合には、遺言だけでは不十分です。

　財産承継後に、知的障がい者に所有権が生じ、「誰が管理するのか」の問題が出てきて、すぐに成年後見人等が必要になることがあるからです。

（1）遺言

　民法では、相続人の範囲や法定相続分を定めていますが、これと異なる被相続人の意思がある場合に遺言を利用します。

　遺言は、遺言者の財産を帰属させる人を指定する最後の意思表示で、遺言者の死亡の時からその効力を生じます（民法 985 条）。

ア　遺言がない場合

　共同相続人は、その協議で、遺産の分割をすることができます（民法 907 条 1 項）。

　協議が調わないとき又は協議をすることができないときは、その分割を家庭裁判所に請求することができます（民法 907 条 2 項）。

　遺産分割協議には次のデメリットがあります。

① 知的障がい者に成年後見人等を選任しなければならない

② 財産集中が困難

　法定相続分が基準となるため、特定の相続人に財産を集中することが難しくなります。

③ 時間がかかる

　年単位の時間がかかることもよくあり、調停、審判になるとさらに時間を要します。

④ 争族が起こりやすい

　親が生きている時は仲が良くても、遺産分割協議が原因で争族になることがよくあります。

イ　遺言の種類

　遺言は、自筆証書、公正証書又は秘密証書によってしなければなりません（民法 967 条）。

① 自筆証書遺言（全文自筆の遺言）[1]

② 公正証書遺言（公証役場で公証人に作成してもらう遺言）

③ 秘密証書遺言（自ら書いた遺言を入れて密封した封筒を公証役場に持って行き、公証人に遺言があるということを認証してもらう遺言）

ウ　公正証書遺言の利用

　遺言作成時に手間と費用がかかるものの、次の理由で公正証書遺言を利用します。

① 紛失、偽造、変造、隠匿、滅失のおそれがない

② 家庭裁判所の検認手続きが不要

③ 遺言の方式上の不備で無効になることがない

④ 遺言能力欠如による無効になりにくい

⑤ 遺言執行者が指定されていれば速やかに執行を開始できる

---

1 ① 平成 31 年 1 月 13 日以降に作成された自筆証書遺言に、相続財産の目録を添付する場合には、その目録については自書することを要しません（民法 968 条 2 項）。

② 法務局における遺言書の保管等に関する法律（令和 2 年 7 月 10 日施行）で、自筆証書によってした遺言に係る遺言書の保管制度が開始されました。自筆証書遺言の紛失、隠匿、滅失のリスクは軽減され、検認も不要になりましたが、方式上の不備により無効となるリスクは残ります。

エ　成年被後見人等の遺言

　判断能力を失い、法定後見制度を利用していても、遺言はすることができます（民法 962 条）。

① 被保佐人、被補助人

　単独で遺言はすることができます（民法 962 条）。

② 成年被後見人

　事理を弁識する能力を一時回復した時において、医師二人以上の立合いがあれば、遺言はすることができます（民法 973 条 1 項）。

　ただし、周囲が無理やり遺言書を書かせても、将来争われ、遺言能力が否定されて、無効と判断される可能性があります。

（2）遺言の限界

ア　反故にされる可能性

　遺言があっても、相続人全員と受遺者（遺言によって財産を遺贈された人）が合意すれば遺言を反故にすることができます。

イ　親の認知症対策には無力

　遺言は、遺言者（親）の死亡の時からその効力を生じる（民法 985 条）ので、判断能力喪失対策にはなりません。

ウ　成年後見に弱い

　成年後見人は、成年被後見人のすべての財産の処分権を有するので、遺言書に記載されている財産であっても換価処分することがあり、遺言がその目的を達成できないこともあります。

（3）信託のメリット

ア　遺言代用信託

　信託には、遺言と同様の財産承継機能があり、遺言代用信託と

言われています。

信託行為において、委託者兼受益者死亡後の受益者、帰属権利者等を定めておくことで、信託財産は遺産分割協議の対象になりません。

さらに、受託者が、財産を継続的に管理するので、「誰が管理するのか」の問題も解消されます。

イ　遺言にはない機能

信託は、遺言と同様の財産承継機能を持つだけでなく、次の機能もあります。

① 相続人の合意で反故にされることはない
② 信託契約の方法では親の認知症対策になる
③ 信託財産は成年後見人の管理する財産にはならないので、成年後見人による勝手な財産の換価処分はない
④ いつでも撤回や書換えが可能な遺言と異なり、当事者が知らない間に撤回や書換えをされない
⑤ 複数の委託者による共同遺言代用信託 [1] が可能
⑥ 後継ぎ遺贈型受益者連続信託が可能

（4）心理的抵抗

ア　遺言

遺言と遺書は異なるものですが、混同し、遺言書を書くことは不吉で、縁起でもないことのように感じる人もいます。

---

[1] 遺言は、二人以上の者が同一の証書ですること（共同遺言）ができません（民法975条）が、信託契約では、例えば夫婦が共有している財産に対して夫婦がともに委託者となり、同一の証書での信託設定が可能です。

ただし、信託契約ではなく遺言信託を利用するときには、共同遺言の禁止が適用され、同一の証書での信託設定はできません。

理由の一つに「みんなで仲良く過ごしてください。」「みんなと一緒に過ごせていい人生だった。ありがとう。」といった内容を付言事項に書くことがあげられます。

付言事項に財産の分け方の理由を書き、相続人の感情に訴え、争族を防ぐ効果がある反面、遺言者に心理的抵抗を生じさせてしまうこともあるようです。

イ　信託

信託契約では、遺書を感じさせるようなものはなく、心理的な抵抗はありません。したがって、親が若くても利用しやすくなっています。

（5）事務の引継ぎ

ア　遺言

大事なことは、遺言書を書くことや保管することではなく、遺言の内容が実現され、円滑に事務が引き継がれることです。

遺言の効力は、遺言者（親）が生きている間は発生せず、死亡の時から生じるので、さまざまな事務を円滑に引き継げない可能性があります。

イ　信託

信託契約では、親が元気な間に事務引継ぎを開始します。

丁寧な事務の引継ぎができ、受託者も当事者意識をもって行動する効果があります。

（6）家族会議

ア　遺言

遺言は、遺言者の単独行為で、誰とも相談することなく一人で作ることができます。

ただし、検証する人がおらず、さまざまなリスクへの対応が甘くなりがちです。

イ　信託

信託契約は単独行為ではなく、家族会議を開き、家族全員が合意をする必要があります。

財産の分け方について具体的な話をすることに、最初は戸惑いもあるようですが、真摯に話をしていくことで、絆が強くなったという話をよく聞きます。

仮に、家族から不平不満が出ても、親の発言権が強い時期に解決できる効果もあります。

（7）信託と遺言の併用

知的障がい者への財産承継においては、信託は遺言と比較してメリットが大きいのですが、実務においては、信託に適さない財産がありますし、親の全財産を信託にすることも現実的ではありません。

また、信託財産以外の財産について、何も対策をしていないと、結果的に遺産分割協議を行うことになってしまうので、これを回避するために、信託財産以外の財産については遺言を併用します。

（8）遺言利用時の注意

遺言を利用しても、手続きで相続人の署名と印鑑登録証明書を求められる場合があります。

障がいが重いと、署名及び印鑑登録が難しいことがあります。特に、印鑑登録が可能なのかどうかは、あらかじめ確認しておき、登録できない場合には、遺言執行者（相続人以外の第三者の遺言執行者）を指定しておく必要があります。

2 信託と負担付遺贈の比較

（1）負担付遺贈
ア 負担付遺贈とは
　負担付遺贈とは、遺贈者が受遺者に対して、財産を遺贈する代わりに、受遺者に知的障がい者を支援する義務を負担させる遺贈のことです（民法1002条）。

イ 負担付遺贈のデメリット
① 賞味期限
　財産が受遺者名義になることから、時間が経過すると、受遺者は自分の財産だという感覚になり、負担が付いていることを忘れてしまいがちな「賞味期限」の問題があります。
　受遺者が義務を履行しないときは、相続人は相当の期間を定めて、履行の催告をすることができます。期間内に履行がないときは、負担付遺贈に係る遺言の取消しを家庭裁判所に請求することができます（民法1027条）が、相続人である知的障がい者が履行の催告や遺言の取消し請求をすることは現実的ではありません。

② 受遺者の破産等
　財産は受遺者名義となり、破産等すると破産財団に属します。

③ 受遺者の死亡
　受遺者が知的障がい者より先に死亡すると、受遺者の相続人が財産を相続してしまいます。

（2）信託
　負担付遺贈は理解しやすく、従来から利用されていますが、受遺者の影響を受けやすい方法です。信託は負担付遺贈のようなデメリットがなく、知的障がい者の権利を守りやすい方法です。

3　信託と不動産共有の比較

（1）不動産共有

　不動産共有は、健常者のみが相続人の場合、将来の争いの原因になるので回避するのがセオリーですが、相続人に知的障がい者が含まれる場合には、利用を検討します。

　知的障がい者には、配偶者や子がいないことも多く、「共有者の一人が、死亡して相続人がないときは、その持分は、他の共有者に帰属する（民法255条）」ことから、知的障がい者との一代に限った共有になるからです。

（2）不動産共有の注意点

　ただし、不動産共有には次の注意点があります。

ア　不動産売却が困難になる可能性

① 専門職の成年後見人等の選任

　知的障がい者に専門職の成年後見人等が選任されると、他の共有者と判断が異なることになる可能性があります。

② 共有者全員の同意が必要

　共有者全員の同意が得られず、いつまでも売却できない可能性があります。

イ　共有者の死亡によるリスク

　共有者の死亡で、共有者の相続人との共有になり、共有にしている理由を理解していない人との共有が、さまざまなリスクを生み出すことがあります。

（3）不動産共有信託の利用

　不動産共有の注意点を回避し、共有と同じ効果を得るために信託の利用を検討します。

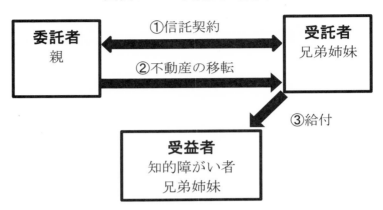

図表5-1　不動産共有信託

① 信託契約

　委託者(親)が受託者（兄弟姉妹）と信託契約を結びます。

　不動産の名義は受託者に移り、受託者が信託財産の管理・処分等を行います。

　受益者は知的障がい者、兄弟姉妹とします。

② 財産の移転

　委託者が所有する不動産を受託者に移転します。

③ 給付

　受託者は信託利益を受益者に給付します。

　知的障がい者に専門職の成年後見人等が選任されても、受託者が信託財産の管理・処分を行うので、受託者の判断で不動産を売却できます。

186

第6章

親の認知症対策

1　何も対策をしていない場合

（1）何も対策をしていない場合

　知的障がい者の親亡き後対策を実行する時期と、親自身の認知症対策をする時期は重なります。親が何も対策をせずに認知症になると、預貯金の払出しや契約ができなくなり、親自身だけでなく、子の生活費や施設利用料等の支払いもできなくなります。

（2）法定後見制度

　何も対策をしていないと、法定後見制度を利用することになりますが、認知症になる前と同じことをカバーできるわけではなく、解決できないことや不自由になることがたくさんあります。

ア　本人以外のための支出の制限

　法定後見制度で支援するのは、原則本人だけです。
　「本人の財産を本人のために維持管理すること」が目的になるので、本人以外のために行う支出、例えば、知的障がい者のための支出は難しくなります。

イ　財産処分

　成年後見人は、成年被後見人のすべての財産の処分権を有するので、専門職の成年後見人が、知的障がい者に相続させる予定の財産を売却することがあります。
　また、積極的な財産運用も難しく、成年後見人が金融商品を解約し、元本保証のある商品に預け替えることも行われます。

ウ　不動産

　居住用不動産（自宅）の処分には、家庭裁判所の許可が必要です。居住用不動産（自宅）以外の処分は、家庭裁判所の許可事項ではありませんが、成年後見人等が本人にとって不利益になると判断した場合には実行しません。

2 親の認知症対策（任意後見制度）

認知症の事前対策には任意後見制度と信託があります。

（1）任意後見制度

任意後見制度は、

① 本人が十分な判断能力があるうちに

② 将来、判断能力が不十分な状態になった場合に備えて

③ あらかじめ自らが選んだ代理人（任意後見人）に

④ 自分の生活、療養看護や財産管理に関する事務について代理権を与える契約（任意後見契約）を

⑤ 公証人の作成する公正証書で結んでおく制度です。

契約締結能力のある軽度知的障がい者の場合、未成年者である知的障がい者の親が、親権に基づいて、親が子を代理して契約する場合を除いて、判断能力がすでに不十分な知的障がい者が、この制度を利用することは難しいのですが、親が自身の認知症対策として利用することはできます。

任意後見は法定後見より優先されるので、法定後見で見知らぬ専門職が選任されることを回避できます。

本人が選んだ任意後見人が、本人を代理して契約をするので、成年後見人で見られるような本人の意思に反した財産処分はありません。

（2）任意後見監督人

任意後見人は、本人の判断能力が低下した後に事務を行うので、任意後見人を監督する任意後見監督人が必ず選任されます。

家庭裁判所に任意後見監督人選任の申立てを行い、選任された時から任意後見契約の効力を生じるので、任意後見監督人なしで済ますことはできません（任意後見法2条1号）。

任意後見人は本人が選びますが、任意後見監督人は家庭裁判所が選任し、専門職（弁護士、司法書士）が選ばれます。

任意後見監督人は、任意後見人を監督し、家庭裁判所へ定期的

に報告してくれるので、安心感はありますが、一方で、任意後見人と任意後見監督人の意見が合わなくなることがあります（任意後見法7条1項1号、2号）。

（3）任意後見人と任意後見監督人の報酬

ア　任意後見人

報酬は、当事者間で自由に決められ、親族が任意後見人になる場合には無報酬もあります。

イ　任意後見監督人

報酬は、家庭裁判所が決めます（任意後見法7条4項）。

「任意後見監督人の基本報酬のめやすとなる額は、管理財産額が5,000万円以下の場合には月額1万円〜2万円、管理財産額が5,000万円を超える場合には月額2.5万円〜3万円」とされています（「東京家庭裁判所　東京家庭裁判所立川支部　成年後見人等の報酬額のめやす」より抜粋）。

ウ　任意後見人が専門職の場合

任意後見人が専門職であっても、任意後見監督人が選任されるので、任意後見人と任意後見監督人に対して専門職報酬が発生します。

（4）任意後見契約の形態

ア　任意後見契約（将来型）

任意後見契約だけを締結する形態で、本人の判断能力が低下した時から任意後見が始まります。

イ　任意後見契約（移行型）

任意後見契約と財産管理等委任契約を同時に締結する形態です。本人の判断能力が十分な間は、財産管理等委任契約で財産管理

を行い、判断能力が低下した時点で、任意後見契約を発効させ、財産管理等委任契約を終了させます。

　任意後見契約は、本人の判断能力が低下し、本人、配偶者、四親等内の親族又は任意後見受任者[1]の請求により、家庭裁判所が任意後見監督人を選任した時（任意後見法4条1項）から効力を生じます。ところが、本人の判断能力が低下しているにもかかわらず、誰も請求をしないことがあります。

　移行型にすると、本人の判断能力があるうちに財産管理が開始されるので、判断能力が低下した時点で円滑に任意後見に移行できるようになります。特に、親族以外の人が受任者になる場合には、移行型を選択することが多くなります。

（5）任意後見契約の注意事項

ア　任意後見契約の終了

　任意後見契約は委任契約なので、委任の終了事由で終了します（民法653条）。

① 本人又は任意後見人（任意後見受任者）の死亡
② 本人又は任意後見人（任意後見受任者）が破産手続開始の決定を受けたこと
③ 任意後見人（任意後見受任者）が後見開始の審判を受けたこと

　同年齢以上の人や健康面に不安のある人を任意後見受任者とすると、死亡や後見開始の審判で、任意後見契約が終了する可能性が高くなります。

---

[1] 「任意後見受任者」
任意後見監督人が選任される前における任意後見契約の受任者
「任意後見人」
任意後見監督人が選任された後における任意後見契約の受任者
（任意後見法2条3号、4号）

イ　任意後見契約の変更

　任意後見契約では、基本となる条項の変更という扱いはできず、任意後見契約を解除して、新たな契約を結ぶことになります。

　その時、本人の判断能力が低下していると、新たな契約の締結が難しくなります。

ウ　同意権、取消権

　法定後見では、①成年後見人は法律行為の代理権、取消権、②保佐人及び補助人は法律行為の代理権、同意権、取消権を与えられます。

　任意後見人は代理権のみを与えられ、同意権、取消権は与えられません。ただし、同意権については、本人又は第三者の同意（承認）を要する旨の特約を付すことができます。

3 親の認知症対策（信託）

（1）法定後見制度、任意後見制度との比較
ア 本人（親）以外のための支出
① 法定後見制度
　原則、認められません。

② 任意後見制度
　制限はありますが、任意後見契約に定めがある場合には、子（知的障がい者）のための支出は可能です。
　ただし、任意後見人は本人にとって不利益となることはできませんし、任意後見監督人が認めない可能性があります。

③ 信託
　信託行為に定めがある場合、子（知的障がい者）のための支出は可能です。

イ 親亡き後対策
① 法定後見制度
　成年後見人等が親亡き後対策を行うことはできません。

② 任意後見制度
　任意後見人が親亡き後対策を行うことはできません。
　通常は、任意後見契約を締結する時に、遺言書を書き、信託を設定するので、任意後見契約を締結することは、親亡き後対策の一部になります。

③ 信託
　信託を設定することは、親亡き後対策の一部ですが、信託目的の範囲内で、追加の親亡き後対策も可能です。

ウ　財産の処分

① 法定後見制度

　成年後見人が、本人や家族の意思に反して、財産を処分することがあります。

② 任意後見制度

　任意後見人は、任意後見契約で定めていない処分はできません。

③ 信託

　受託者は、信託の本旨に反するような処分はできません。

エ　財産運用の自由度

① 法定後見制度

　本人の財産を維持するのが目的であるため、現状維持に限定されます。

② 任意後見制度

　本人の財産を維持するのが目的ですが、任意後見契約で定めておけば、限度はあるものの現状維持を超えた財産運用は可能です。
　ただし、任意後見人は本人にとって不利益となることはできませんし、任意後見監督人が認めない可能性があります。

③ 信託

　信託行為に定めがある場合、信託目的の範囲内で、積極的な財産運用は可能です。

オ　不動産

① 法定後見制度

　居住用不動産（自宅）の処分には、家庭裁判所の許可が必要で、許可はおりにくく、他に預貯金が有れば、そちらを先に使うよう

指示されることもあります。

　居住用不動産（自宅）以外の処分は、家庭裁判所の許可事項ではありませんが、成年後見人等が本人にとって不利益になると判断した場合には実行しません。

② 任意後見制度
　自宅を含めて本人の不動産の処分には、家庭裁判所の許可は不要です。
　ただし、任意後見人は本人にとって不利益となることはできませんし、任意後見監督人が認めない可能性があります。

③ 信託
　信託行為に定めがある場合、信託目的の範囲内で処分は可能で家庭裁判所の許可も不要です。

（2）任意後見契約と比較した信託のメリット
ア　信託の一括契約機能
① 任意後見契約
　財産管理等委任契約、遺言、死後事務委任契約とは別に作成することが多くなります。

② 信託
　任意後見契約、財産管理等委任契約、遺言、死後事務委任契約を一つの契約にまとめて設定できる一括契約機能があります。

図表6-1 一括契約機能

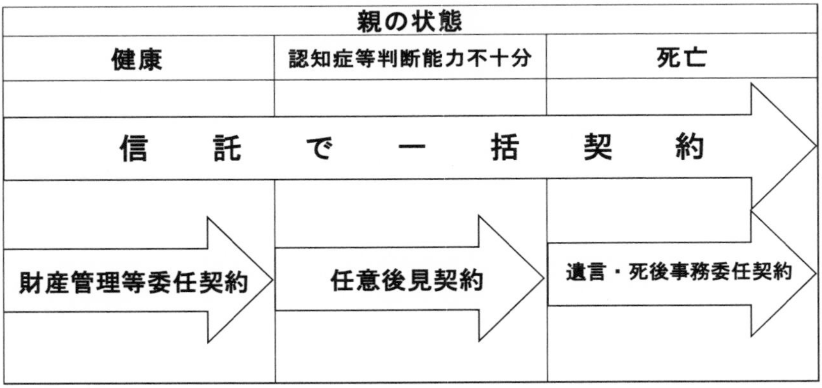

親の状態		
健康	認知症等判断能力不十分	死亡
信　託　で　一　括　契　約		
財産管理等委任契約	任意後見契約	遺言・死後事務委任契約

イ　受託者、任意後見人の死亡及び後見開始

① 任意後見契約

　任意後見人（任意後見受任者）の死亡や後見開始の審判で終了し、終了時に法定後見開始の審判の申立てを行うこともあります。

② 信託

　受託者の死亡や後見開始の審判があっても、後継受託者及び受託者選任基準を定めておけば、信託を継続できます。

ウ　変更

① 任意後見契約

　基本となる条項の変更は、任意後見契約を解除して、新たな契約を結ぶことになります。その時、本人の判断能力が低下していると、新たな契約の締結が難しくなります。

② 信託

　原則、委託者、受託者及び受益者の合意によってすることができますが、受託者及び受益者の合意、受託者及び受益者代理人の

合意、受託者の意思表示、信託行為に別段の定めをする、といった方法も可能です。

（3）信託と任意後見契約の併用
ア　信託と任意後見契約の違い

　ここまで、信託の使い勝手の良さについて述べてきましたが、信託と任意後見契約には次の違いがあり、親の認知症対策としては、どちらかを選択するよりも、両方をうまく組み合わせて利用することが求められます。

① 信託
  - (a) 信託目的と方針を決めておき、後は受託者の裁量に任せることができる
  - (b) 信託にする財産を特定しなければならない
  - (c) 身上監護がない

② 任意後見契約
  - (a) 任意後見人の裁量に任せるのではなく、具体的に代理権の内容を定める
  - (b) 包括的な財産管理権限を付与することで、全財産を対象にできる
  - (c) 身上監護がある

イ　信託を利用した方がいい財産

　知的障がい者の生活に与える影響が大きい財産には信託を選択します。

　任意後見制度には次のようなことが考えられるからです。

① 家庭裁判所

　任意後見監督人を介しての間接的なものなので、家庭裁判所の関与は法定後見制度ほど強くはないものの、判断の不透明感があります。

197

② 任意後見監督人による任意後見人の解任請求

　家庭裁判所が選任する任意後見監督人に、どのような人が選ばれるのかの不安があります。

　任意後見人と任意後見監督人の意見が合わず、任意後見人が任意後見監督人を無視するような関係になってしまうと最悪です。

　任意後見監督人は法律のプロですし、バックには家庭裁判所が控えています。任意後見監督人は家庭裁判所に任意後見人の解任を請求し、家庭裁判所は任意後見人を解任することができます（任意後見法8条）

③ 家庭裁判所、任意後見監督人の考え方

　家庭裁判所、任意後見監督人は本人の利益を第一とし、知的障がい者の利益までは考えてくれない可能性があります。

ウ　任意後見契約を利用した方がいい財産

① 対象財産

　信託では、信託財産だけが対象になるので、信託していない財産はカバーできません。

　任意後見契約は、すべての財産を包括的にカバーできるので、信託財産以外の年金口座、生活口座などが、対象として考えられます。

　ただし、亡くなった時には口座を凍結されてしまうので、葬儀費用などは信託にしておいた方が円滑です。

② 身上監護

　任意後見人の職務は財産管理だけでなく、身上監護もあります。信託だけでは、受託者の権限で、高齢者施設入所、入院、介護保険等の手続きはできないので、必要に応じて任意後見契約でカバーします。

エ　担保権の設定された不動産の場合

　不動産の大規模修繕に、どの程度の費用をかけるかについては、任意後見人と任意後見監督人の考えが異なる可能性があります。

　したがって、不動産は、家庭裁判所、任意後見監督人の関与がない信託の方が円滑ですが、金融機関が担保権を設定している不動産の場合には、信託設定時に金融機関の承諾が必要になります。

　金融機関の承諾を得ることができれば信託を設定しますが、承諾を得ることができなければ任意後見契約での対応になります。

図表6-2　親自身と知的障がい者の対策

親自身の対策	
自益信託	判断能力のあるときに契約
他益信託	判断能力のあるときに契約
任意後見制度	判断能力のあるときに契約
法定後見制度	何も事前対策をしていなかった場合に利用

知的障がい者の対策		
重度知的障がい者	自益信託	未成年者である知的障がい者が、親権者に代理してもらい信託契約を締結する場合
	他益信託	親が判断能力のあるときに設定
	任意後見制度	未成年者である知的障がい者が、親権者に代理してもらい任意後見契約を締結する場合
	法定後見制度	何も事前対策をしていなかった場合に利用
軽度知的障がい者	自益信託	・知的障がい者に契約締結能力がある場合 ・未成年者である知的障がい者が、親権者に代理してもらい信託契約を締結する場合
	他益信託	親が判断能力のあるときに設定
	任意後見制度	・知的障がい者に契約締結能力がある場合 ・未成年者である知的障がい者が、親権者に代理してもらい任意後見契約を締結する場合
	法定後見制度	何も事前対策をしていなかった場合に利用

第7章

信託の事例

事例１｜知的障がい者に兄弟姉妹がいる事例

図表７-１　兄弟姉妹がいる事例

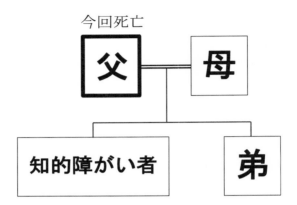

今回死亡

父　　母

知的障がい者　　弟

　父親、母親、知的障がい者、健常者の弟がおり、今回父親が亡くなった事例です。

1　何も対策をしていない場合

　父親が亡くなると、法定相続人の母親、知的障がい者、弟の３人で遺産分割協議を行います。

　遺産分割協議で、知的障がい者が内容を理解できない、署名や実印登録が難しい場合には、成年後見人等を選任しなければならない可能性があります。

　成年後見人等の選任には２～４か月ほどかかりますが、その間は父親名義の財産の利用は難しくなります。

2　遺言を利用する場合

　父親の遺言があり、相続人全員が遺言に合意した場合には、遺産分割協議は不要で、遺言通りに財産を分配します。

　この時に、知的障がい者の署名、実印がなくても手続きができ

るように、遺言執行者を指定しておくことも検討します。

　なお、遺言通りに財産を分配できても、知的障がい者が財産管理をできない場合には、成年後見人等を選任しなければならない可能性があります。

3　他益信託を利用する場合

　知的障がい者向け財産に信託を利用し、信託財産以外の財産については遺言を併用することで、遺産分割協議を行わなくてよくなり、遺産分割協議において成年後見人等を選任しなければならない可能性を回避できます。

　加えて、財産承継後の知的障がい者の財産管理においても、成年後見人等を選任しなければならない可能性を回避できます。

図表7-2　他益信託

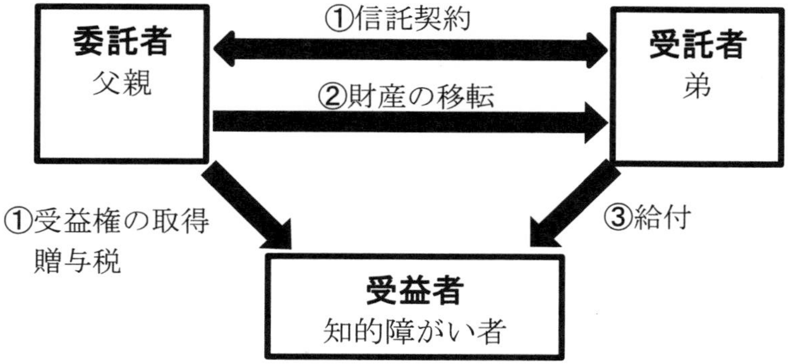

① 信託契約

② 財産の移転

委託者
父親

受託者
弟

①受益権の取得
　贈与税

③給付

受益者
知的障がい者

① 信託契約

　委託者（父親）が受託者（弟）と信託契約を結びます。

　財産の名義は受託者に移り、受託者は信託財産の管理・処分等を行います。

　知的障がい者が受益権を取得し、知的障がい者に贈与税が課税されます。

203

② 財産の移転

　委託者から受託者に財産を移転します。

③ 給付

　受益者は信託財産に係る給付を受けます。

　他益信託では、信託設定時に贈与税が課税されますが、納税完了まで父親が関わることができます。

4　遺言代用信託を利用する場合

　委託者（父親）、受託者（弟）は他益信託と同じですが、父親が当初受益者になります。

図表7-3　遺言代用信託

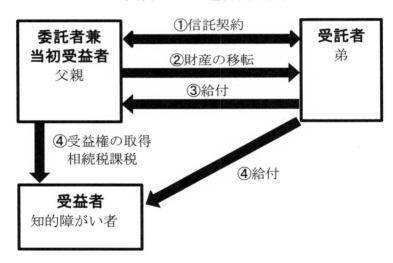

① 信託契約

　委託者（父親）が受託者（弟）と信託契約を結びます。

　財産の名義は受託者に移り、受託者は信託財産の管理・処分等を行います。

　委託者が受益権を取得するので、この時点では受益者に相続税、

204

贈与税は課税されません。

② 財産の移転

　委託者から受託者に財産を移転します。

③ 給付

　当初受益者は信託財産に係る給付を受けます。

④ 受益権の取得

　委託者兼当初受益者である父親が亡くなると、知的障がい者が次の受益者になり、信託財産に係る給付を受けるようになります。

　この時、知的障がい者に相続税が課税されます。

事例2 | 知的障がい者が一人っ子の事例

図表7-4　知的障がい者が一人っ子の事例

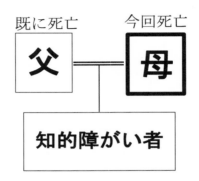

父親が既に亡くなっており、今回母親が亡くなった事例です。

1　何も対策をしていない場合

　知的障がい者が母親の全財産を相続します。

　法定相続人は知的障がい者しかいないので、遺産分割で揉めることはないのですが、自分で手続きや財産管理ができない場合には、成年後見人等を選任することになります。

2　遺言を利用する場合

　甥姪などに財産を遺贈するかわりに、知的障がい者の世話を頼む場合（負担付遺贈）には、遺言書を書いておく必要があります。

　なお、負担付遺贈には、①時間が経過して負担が付いていることを忘れてしまいがちな賞味期限の問題、②甥姪の破産等による財産の差押えの問題、③甥姪が知的障がい者より先に亡くなると、甥姪の配偶者や子が財産を相続する問題、があります。

3　他益信託を利用する場合

　一人っ子の場合でも、信託を利用することで、法定後見制度を利用しなくて済む可能性があります。

　委託者（母親）、受託者（甥姪）、受益者（知的障がい者）とする信託を設定し、母親が生きている間に信託を開始することで、引継ぎも確実になります。

　負担付遺贈と比較して、知的障がい者の権利を守りやすくなります。

図表7-5　他益信託

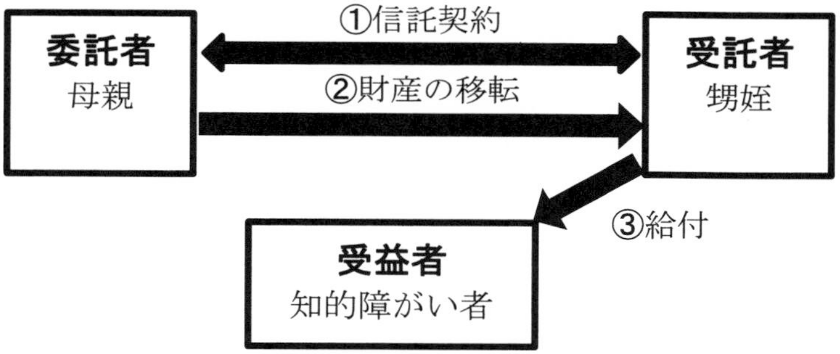

```
┌──────────┐  ①信託契約   ┌──────────┐
│  委託者  │◄──────────►│  受託者  │
│  母親    │  ②財産の移転 │  甥姪    │
│          │═══════════►│          │
└──────────┘            └────┬─────┘
                              │
              ┌──────────┐   │ ③給付
              │  受益者  │◄──┘
              │知的障がい者│
              └──────────┘
```

4　後継ぎ遺贈型受益者連続信託を利用する場合
（1）後継ぎ遺贈型受益者連続信託

　知的障がい者に相続人がいない場合、遺言書を書けないと遺産は最終的に国庫に帰属しますが、後継ぎ遺贈型受益者連続信託を設定しておくと、お世話になった人に報いることができます。

図表7-6　後継ぎ遺贈型受益者連続信託

```
┌──────────┐        ┌──────────┐        ┌──────────┐
│委託者兼  │   ①   │ 第二次   │        │ 第三次   │
│第一次    │═════►│ 受益者   │        │ 受益者   │
│受益者    │        │ 知的     │        │お世話に  │
│  母親    │        │ 障がい者 │        │なった人  │
│          │              ②           │          │
│          │═══════════════════════►│          │
└──────────┘        └──────────┘        └──────────┘
```

① 母親の死亡

　母親の有する受益権が消滅し、知的障がい者が新たな受益権を取得します。

② 知的障がい者の死亡

　知的障がい者の有する受益権が消滅し、お世話になった人が新たな受益権を取得します。

（2）後継ぎ遺贈

　同じことを母親の遺言で行う場合、後継ぎ遺贈となり、無効とする説が有力です。

図表7-7　　後継ぎ遺贈

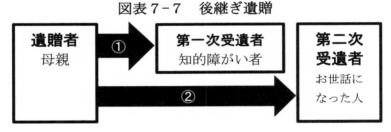

① 遺贈者（母親）が第一次受遺者（知的障がい者）に遺贈

② 知的障がい者が死亡すると、母親が指定した第二次受遺者
　　（お世話になった人）が、母親からの遺贈により取得

5　一人っ子の信託利用の可能性

　一人っ子の場合、受託者不在の問題がありますが、親が集まり、受託者を創り出す仕組みを整えることができれば、信託利用の可能性が拡大すると考えられます。

事例3 ｜ 両親が離婚している事例 1

図表 7-8　両親が離婚している事例 1

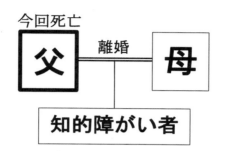

知的障がい者が一人っ子で両親が離婚しています。

父親は離婚後再婚せず、他の女性との間に子はいません。

今回、父親が亡くなった事例です。

1　何も対策をしていない場合

離婚後の母親には相続権はありませんが、子には相続権があります。

父親に再婚配偶者、他の子がいないので、知的障がい者は唯一の法定相続人となり、父親の全財産を相続します。

自分で手続きや財産管理ができない場合には、成年後見人等を選任する可能性があります。

2 遺言代用信託を利用する場合

信託を利用することで、知的障がい者に成年後見人等を選任しなくて済むようにします。

図表 7 - 9 　遺言代用信託

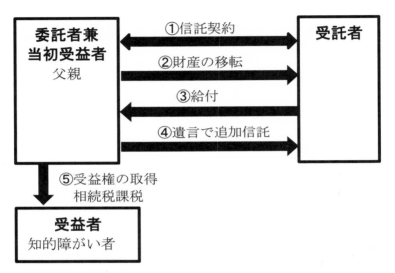

① 信託契約
② 財産の移転
③ 給付
④ 遺言で追加信託
⑤受益権の取得
　相続税課税

委託者兼
当初受益者
父親

受託者

受益者
知的障がい者

① 信託契約

委託者（父親）が受託者と信託契約を結びます。

財産の名義は受託者に移り、信託財産の管理・処分等を行います。

受益権は委託者が取得するので、この時点では相続税、贈与税は課税されません。

② 財産の移転

委託者から受託者に財産を移転します。

③ 給付

受益者は信託財産に係る給付を受けます。

④ 遺言で追加信託

　遺言で、信託していない残りの財産を追加信託します。

⑤ 受益権の取得

　委託者兼当初受益者である父親が亡くなると、知的障がい者が次の受益者になり信託財産に係る給付を受けるようになります。

　なお、この時点で知的障がい者に相続税が課税されます。

3　信託を設定するときのポイント

（1）父親との話し合い

　信託設定は父親が行うので、父親に信託を理解してもらわなければなりません。

　父親も自分の遺産が、成年後見人等への報酬に消えてしまうのではなく、我が子に有効に使われることを理解すると信託に応じてくれる可能性があります。

　父親と母親の間で話し合いをする必要がありますが、直接話し合うのが難しい場合には、専門職等の代理人を立てます。

（2）受託者適任者

　知的障がい者のことを第一に考えると、受託者は母親がいいのですが、難しい場合には、他の適任者を探さなければなりません。

事例4 | 両親が離婚している事例 2

図表 7 -10　両親が離婚している事例 2

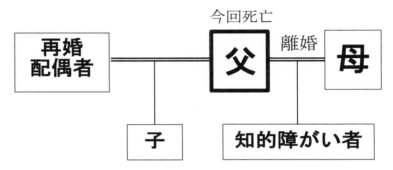

知的障がい者が一人っ子で両親が離婚しています。
父親は再婚して再婚配偶者との間の子がいます。
今回父親が亡くなった事例です。

1　何も対策をしていない場合

　事例 3 の父親が、再婚して再婚配偶者と再婚配偶者との間に子がいると状況が大きく変わってきます。

　離婚後の母親に相続権はありませんが、知的障がい者、再婚配偶者、再婚配偶者との間の子に相続権があり、3 人で遺産分割協議を行います。

　遺産分割協議で、知的障がい者が内容を理解できない、署名や実印登録が難しい場合には、成年後見人等を選任しなければならない可能性があります。

2　遺言を利用する場合

　父親の遺言があり、相続人全員が遺言に合意した場合には、遺産分割協議は不要で、遺言通りに財産を分配します。

知的障がい者の遺留分が侵害されている場合には、成年後見人等を選任して遺留分侵害額請求をすることになります。
　逆に再婚配偶者又は再婚配偶者との間の子から遺留分侵害額請求を受けた場合には、成年後見人等を選任して対応することになります。
　なお、遺言通りに財産を分配できても、知的障がい者が財産管理をできない場合には、成年後見人等を選任しなければならない可能性があります。

3　遺言代用信託を利用する場合
　信託を利用することで、知的障がい者に成年後見人等を選任しなくて済むことが可能になります。

図表 7 -11　遺言代用信託

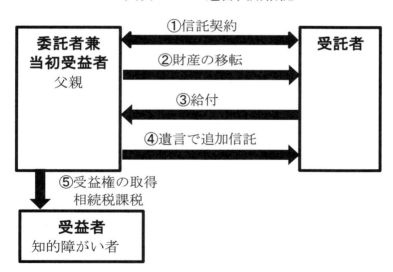

① 信託契約
　委託者（父親）が受託者と信託契約を結びます。

財産の名義は受託者に移り、受託者が信託財産の管理・処分等を行います。

受益権は委託者が取得するので、この時点では相続税、贈与税は課税されません。

② 財産の移転

委託者から受託者に財産を移転します。

③ 給付

受益者は信託財産に係る給付を受けます。

④ 遺言で追加信託

遺言で、信託していない残りの財産のうち、知的障がい者に承継する財産を追加信託します。

⑤ 受益権の取得

委託者兼当初受益者である父親が亡くなると、知的障がい者が次の受益者になり信託財産に係る給付を受けるようになります。

なお、この時点で知的障がい者に相続税が課税されます。

4 信託を設定するときのポイント

（1）父親、再婚配偶者、再婚配偶者との間の子との話し合い

信託設定は父親が行うので、父親に信託を理解してもらわなければなりません。

父親も自分の遺産が、成年後見人等への報酬に消えてしまうのではなく、我が子に有効に使われることを理解すると、信託に応じてくれる可能性があります。

場合によっては、再婚配偶者と再婚配偶者との間の子との話し合いも必要になりますが、一般的に争いがおこりやすい関係です。

ただ、父親が亡くなった後に遺産分割協議を行わなければならない関係でもあるので、父親が生きている間に財産の分け方を話し合っていた方が円滑になる場合もあります。

直接話し合うのが難しい場合には、専門職等の代理人を立てます。

（2）受託者適任者

　知的障がい者のことを第一に考えると、受託者は母親がいいのですが、難しい場合には、他の適任者を探さなければなりません。

事例5 | 親が再婚している事例

図表7-12　親が再婚している事例

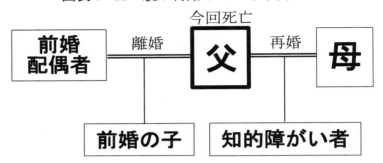

父親が再婚して一人っ子の知的障がい者がいます。

父親には離婚した前婚配偶者との間に子が1人います。

今回父親が亡くなった事例です。

1　何も対策をしていない場合

前婚配偶者に相続権はありませんが、前婚の子には相続権があり、前婚の子、母親、知的障がい者の3人で遺産分割協議を行います。

遺産分割協議で、知的障がい者が内容を理解できない、署名や実印登録が難しい場合には、成年後見人等を選任しなければならない可能性があります。

2　遺言を利用する場合

父親の遺言があり、相続人全員が遺言に合意した場合には、遺産分割協議は不要で、遺言通りに財産を分配します。

知的障がい者の遺留分が侵害されている場合には、成年後見人等を選任して遺留分侵害額請求をすることになります。

逆に前婚の子から遺留分侵害額請求を受けた場合、成年後見人

等を選任して対応することになります。

　なお、遺言通りに財産を分配できても、知的障がい者が財産管理をできない場合には、成年後見人等を選任しなければならない可能性があります。

3　他益信託を利用する場合

　信託を利用することで、知的障がい者に成年後見人等を選任しなくて済むことが可能になります。

図表 7 -13　他益信託

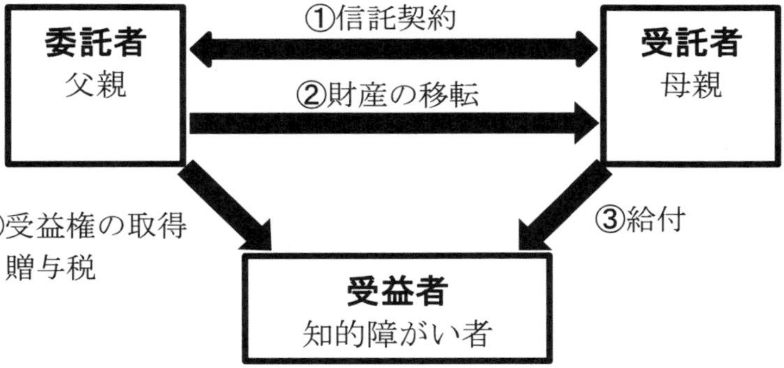

① 信託契約

　委託者（父親）が受託者（母親）と信託契約を結びます。

　財産の名義は受託者に移り、信託財産の管理・処分等を行います。

　知的障がい者が受益権を取得し、知的障がい者に贈与税が課税されます。

② 財産の移転

　委託者から受託者に財産を移転します。

③ 給付

　受益者は信託財産に係る給付を受けます。

4 信託を設定するときのポイント

　前婚の子との話し合いが必要になりますが、一般的に争いがおこりやすい関係です。

　ただ、父親が亡くなった後に遺産分割協議を行わなければならない関係でもあるので、父親が生きている間に財産の分け方を話し合っていた方が円滑になる場合もあります。

　父親が前婚の子のことをどのように考えているかによりますが、円満な関係に持っていき、直接話し合うのが難しい場合には、専門職等の代理人を立てます。

第8章

信託の注意事項

1 信託を正しく利用

（1）信託のデメリットはない

筆者「信託のデメリットは特になく、敢えてあげるとしたら、『信託財産とした不動産から生じた損失は、他の不動産所得と損益通算することができない』ことぐらいだと説明する書籍もあります。

　不動産所得の損益通算は、知的障がい者支援信託では、ほとんど想定されないことなので、そうなると知的障がい者の信託利用にデメリットがないということになります。」

A「それはすごいですね。デメリットはないと。」

筆者「確かに、信託は、その仕組みを理解、習得し、正しく利用できる人にとっては、デメリットはないと言えるでしょう。それくらい優れた仕組みです。商事信託において、信託が広く利用されている事実をみれば、納得できるのではないでしょうか。

　ところが、その便利さを悪用し、訴訟を引き起こしてしまうような使い方をしている利用者が、一部では存在していることも事実です。正しく利用できなかったら、結果的に役に立ちません。そうならないよう、親と受託者は信託を理解しなければいけません。」

（2）受託者との信頼関係

A「知的障がい者は、他者のサポートなしでは、財産管理ができません。

　ところが、知的障がい者をサポートする法定後見制度の現状は厳しく、ほとんどの親が肯定的に捉えられず、利用を躊躇しています。

　そこで、信託に対する期待が高まっているのですが、どのようなことに注意すればいいのでしょうか。」

筆者「まずは、信頼関係です。

　法定後見制度で、見知らぬ専門職が選任された場合、信頼関係ゼロからのスタートになりますが、信託では、委託者と受託者の間に、既に信頼関係がある状態でのスタートになります。

　したがって、『受託者が横領をするのでは？』と、疑うような人間関係で信託を使ってはいけません。」

（3）良好な家族関係

筆者「信頼関係の次に求められるのは、良好な家族関係です。

　親の願いは、自分達亡き後に、知的障がい者、受託者が困らないように家族が協力してくれることです。

　信託を設定する時には、家族会議を開催して家族全員の理解と協力を求めますが、信託組成後も家族会議を定期的に開催し、受託者だけに任せっきりにしないようにしなければなりません。この前提として、良好な家族関係が求められます。

　信託は、『平和な人間関係に適した制度』で、信頼できる家族という資源を活かすものです。

　したがって、既に家族内に争いが発生している、発生しそうな火種があるときには、信託を使えません。知的障がい者の利益を守るために、様々な副作用があるものの、法定後見制度の利用を決断しなければなりません。」

2　一人っ子問題

筆者「知的障がい者支援信託では、主に家族、親族が受託者になることを想定するのですが、適任者がいない場合があります。
　代わりに専門職が受託者になることは、信託業法の資格制限規定があるので、難しい状態です。
　知的障がい者が一人っ子の場合には、受託者不在で信託を諦めざるを得ない場合があり、結果、法定後見制度しか選択できないことになります。」

A「厳しい現実ですよ。何とかならないものですか。」

筆者「これは看過できません。私は将来、知的障がい者の親同士で相互に受託者になるような仕組みを創りたいと考えています。血縁関係はなくても、同じ悩みを持つ親同士のほうが問題を共有でき、より強い信頼関係を築けるのではないかと期待しているからです。」

A「実現可能性はあるのですか。」

筆者「実現可能性はあります。ただ、前例はなく、今すぐにできるというわけでもありません。
　理由として、信託を理解している個人がほとんどいないことがあげられます。信託は便利な制度であるということは、自信を持って言えるのですが、個人には、まだまだ普及していないのです。」

A「今すぐには難しいのでしょうが、信託の仕組みを考えれば、実現可能性はありますよね。信託を理解し、運営できる個人が増えていけば、視界が開けますよね。」

筆者「そうなのです。そこで、実現への第一歩として、信託教育の場を創りたいと考えています。」

Ａ「時間はかかっても、それがいいでしょうね。地道に信託の理解者を増やしていく。
　ところで、レベルはどの程度ですか？」

筆者「信託自体の難易度は、どんなに努力しても理解できない数学や物理を学ぶようなものではありません。自動車の普通運転免許レベルです。数か月程度の時間はかかりますが、習得する気持ちがあれば、ほとんどの方が達成可能です。」

3　受託者教育、引継ぎ、モチベーション維持

（1）受託者教育
A「認知症高齢者対策信託と異なり、知的障がい者支援信託は数十年の長期間になります。したがって、受託者教育が重要になりますよね。」

筆者「その通りで、親亡き後の長期間にわたり知的障がい者を支える受託者が、将来、自身にどのようなことが起こりえるのかを理解していないと、『話が違う』ということになりかねません。」

A「親が信託を理解していても、受託者に対して、不都合な点を伝えきれない可能性があります。だからこそ、受託者が専門職から信託を学ぶことは必要になりますよね。書籍での独学や単発の講演会だけでは限界を感じます。」

筆者「金銭だけを管理する信託では、管理に伴う臨時的な支払いが発生することは、ほとんどありませんが、不動産の信託においては、修繕などで臨時的な支払いが発生します。信託財産で支払うことができれば問題はないのですが、そうでなければ、受託者は自分の財産から支払うことになります。受託者はこのようなことを十分に理解しておく必要があります。」

（2）受託者への引継ぎ
A「信託設定までに時間とエネルギーを費やし、信託を設定したら終わりのような感覚に陥りがちで、受託者への引継ぎが進まないことがありますよね。」

筆者「信託設定当初は親が元気で、財産管理を継続しがちです。

しかし、その状態が続くと、いつまで経っても受託者への引継ぎができません。
　受託者が財産管理を行わなければならない日が必ずやってくるので、計画的な引継ぎも重要です。」

（3）受託者のモチベーション維持

Ａ「信託期間が長期になるので、受託者のモチベーション維持も必要ですよね。」

筆者「信託開始前に家族会議を開催します。そこで親の思いを聞き、受託者も語り、最後に覚悟を決めることで、信託が組成されます。
　ただ、時間が経過すると、モチベーションの維持が難しくなることを想定しておかなければなりません。
　家族会議を定期的に開催したり、専門職に定期的にフォローを入れてもらったりする仕組みを作っておくべきです。」

4　まず、金銭の信託から、不動産の信託は慎重に

（1）一部事務の専門職への委託

A「信託に慣れないうちは、専門職からやり方を学んでいけばいいと聞いていますし、どうしても対応できない事務は専門職に委託できますよね。」

筆者「ただ、安易に専門職への委託業務を増やすと、報酬負担が大きくなります。

　信託の経済的なところは、自分達で運営し、報酬を抑える点にあります。これを実現するためには、受託者だけでなく、家族や親族も信託を理解しておく必要があります。」

（2）まず、金銭の信託から

A「受託者、家族、親族が、信託を理解して、自分達でできることを増やすことは大事ですが、専門職に頼らなくて済むシンプルな信託にしておくことも重要ですよね。」

筆者「その通りです。信託の難易度は、信託財産によって変わってきます。

　知的障がい者支援信託の信託財産は金銭と不動産ですが（現在、ほとんどの証券会社が信託口座対応をしていないので、株式等有価証券は対象外）、まず、金銭の信託から開始することをお勧めしています。

　金銭の信託は、内容がシンプルで、信託を初めて使う人でも理解しやすいからです。」

（3）金銭の信託と不動産の信託の比較（債務負担）

筆者「不動産の信託は難易度が高くなるのですが、金銭の信託と比較をして考えてみます。

　まずは、受託者の債務負担についてですが、金銭の管理を行う信託で、受託者が債務を負うことは考えにくいのですが、不動産の信託では、さまざまな債務を負う可能性があります。

　債務は、原則、信託財産から支払いますが、信託財産から支払うことができない場合には、受託者が負担します。」

Ａ「最近は自然災害が多発していますが、不動産が被災すると、受託者が修繕契約をして修繕費を支払います。

　信託財産から支払うことができない場合には、受託者が自分の財産から支払うということですね。」

筆者「このほかにも、不動産の管理が不十分で、誰かに損害を与えてしまうと、受託者が損害賠償請求を受ける可能性もあります。

　信託設定時に、信託財産になる不動産を担保とした金融機関借入金がある場合、受託者は債務引受けを求められますが、信託財産から返済できなければ、受託者が自分の財産から返済することになります。

　既存の借入金だけでなく、不動産の大規模修繕を行うときなどに新たな借入をするときも、受託者が債務者になり、信託財産から返済できなければ、受託者が自分の財産から返済することになります。」

Ａ「こう考えると、不動産を信託する場合、受託者の負担は大きいですね。」

（4）金銭の信託と不動産の信託の比較（事務負担）

筆者「不動産の信託では、受託者の事務負担も大きくなります。

受託者は、毎年、前年の信託財産の状況等を記載した信託の計算書を税務署長に提出しなければなりませんが、信託財産の収益合計額が３万円以下であるときは、その計算書を提出する必要はありません。現在のゼロ金利が続けば、金銭の信託で収益が３万円を超えることは、かなり少ないと思われます。」

Ａ「税金の事務は、負担が大きいのですが、金銭の信託だと楽ですね。」

筆者「受託者は信託帳簿を作成しなければなりませんが、単純な金銭の管理を目的とする信託においては、仕訳帳等の『帳簿』と呼ぶべき書類を備えるまでの必要もありません。

また、毎年一回、一定の時期に、財産状況開示資料も作成しなければなりませんが、単に金銭の管理をするにすぎない信託においては、財産目録に相当する書類が作成されれば足りると考えられています。」

Ａ「不動産の信託の事務負担はどうなりますか。」

筆者「自宅不動産であっても日常管理（固定資産税納付、火災保険契約事務等）と臨時管理（修繕、建替等）があります。

賃貸不動産になると、自宅不動産より複雑な日常管理（固定資産税納付、火災保険契約事務、家賃管理、入居者管理、信託の計算書作成と税務署長宛提出、確定申告、納税事務等）と臨時管理（修繕、建替等）があります。

このような事務を正確に行うことが求められ、帳簿、財産状況開示資料も簡易に済ませることはできません。」

（5）信託登記制度の問題

筆者「不動産には信託登記制度の問題もあります。

　信託の登記事項は、委託者、受託者、受益者及び受益者代理人の氏名及び住所、信託の目的、信託財産の管理方法、信託の終了の事由等です。

　登記記録は公示され、見る気になれば誰でも見ることができるので、第三者が、知的障がい者の氏名、住所、家族関係その他のプライバシーを知りうることにも注意が必要です。」

A「不動産の信託は、このようなマイナス面も理解してから設定しなければいけませんね。」

筆者「ただ、不動産の信託を諦めるべきなのかというと、決してそうとは言い切れません。自宅を確保できる、賃貸不動産収益は生活の収入基盤になるなどのメリットがあるからです。

　知的障がい者が、施設、グループホーム、兄弟姉妹と一緒に住む、ひとり暮らしをする等の選択肢と併せて考えていく必要があります。」

5　専門職の見分け方

（1）専門職の役割

A「信託が成功するかどうかは、受託者次第なのですが、受託者になる人は信託について詳しくないのが普通なので、関与する専門職次第とも言えますよね。」

筆者「そのとおりで、専門職には次の役割があります。
① 親、受託者が信託を学ぶ場の提供
② 相談、調査、信託の提案
③ 関係者、関係当局との調整、信託の確定、信託設定
④ 信託実務開始後のフォロー
　現状は、②③が中心で、①信託を学ぶ場の提供や、④信託実務開始後のフォローが手薄です。
　信託実務開始後は、プロではない受託者に任せきりとなり、仮に専門職のフォローがあっても、知的障がい者支援に特化した内容であることは稀です。
　健常者が受益者の場合、専門職の関与が不十分であっても、信託を止めて所有権に戻すことができますが、知的障がい者が受益者の場合、所有権に戻すと、法定後見制度の利用になる可能性が高くなります。
　これらのことから、専門職選びは非常に重要なのです。」

（2）シンプルな信託を構築してくれる専門職か？

筆者「以下では、専門職を見分ける基準についてお話します。
　まずは、『受託者の能力に応じて、シンプルな信託を構築してくれる専門職か？』ということです。
　これまで述べてきた通り、不動産の信託は難易度が高く、慎重に対応すべきなのですが、不動産を扱うと専門職の報酬が大きくなるので、不動産の信託を強く勧める専門職がいることには注意

が必要です。」

（3）審査力のある専門職か？

筆者「つぎは、専門職の審査力です。

　信託は平和な人間関係に適した仕組みなので、家族関係、財産状況、受託者、受益者の状況などを審査して、信託設定をします。

　受託者が知的障がい者を虐待したり、財産を不正に使いこんだりする懸念があれば、信託を組成してはならず、法定後見制度で知的障がい者を守る体制を作らなければなりません。」

A「顧客に言われるがままに信託を組成するような専門職ではいけないということですね。」

（4）受託者への監督力がある専門職か？

A「横領を疑うような人間関係で、信託を利用してはいけないのですが、信頼できる人を受託者にしても、長期間にはコロナのようなことが起こり、経済状況が悪化して『つい、信託財産に手をつける』こともありますよね。このような事態への対応ができるかどうかも、専門職を見分ける基準になりませんか。」

筆者「信託実務開始後のフォローをしてくれる専門職なのかどうかも重要な基準です。

　現状は、『信託設定したら終わり』の専門職が多いので、心配しています。

　知的障がい者支援信託では、受益者代理人を選任しますが、親族では甘えが生じてしまいがちなので、専門職の選任をお勧めしています。受益者代理人に就任してくれるかどうかも専門職を見分ける基準になります。」

（５）知的障がい者に向き合うことができる専門職か？

A「以上の他になにか見分ける基準はありますか？」

筆者「知的障がい者の法律や制度は特殊なので、受託者単独での情報収集には限界があります。

　知的障がい者関連の情報に精通し、必要な情報をタイムリーに提供できる能力があるのかどうかも、見分ける基準になります。

　そして、何よりも大事なのは、知的障がい者に向かい合うことができるかどうかということです。」

6　信託を味方につける努力

（1）法定後見制度の品質
A「法定後見制度で、家庭裁判所が専門職後見人を選任し、不十分な後見活動であっても、家庭裁判所が決めた報酬を亡くなるまで払い続けることには、抵抗感があります。」

筆者「法定後見制度の利用に抵抗感があるのは事実ですが、親亡き後対策をしていなくても利用できる制度でもあります。
　問題があっても、ある程度は我慢しなければならない、もしくはその程度の品質だと割り切らざるを得ない面もあります。
　したがって最後に選択する制度になります。早い段階から選択してしまうと、かえって余計な問題を抱え込むことになってしまいがちです。」

（2）信託における努力
筆者「法定後見制度がこのような状態なので、信託に対する期待が高まっているのですが、信託を利用するに当たっては、受託者、家族、親族が自分達で運営していく制度だということを忘れてはいけません。」

A「信託は、使い勝手がいいのですが、あくまでも自分達で協力し、努力しながら運営していくものだということですね。」

筆者「そうです。ただ、その努力は『する価値がある努力』だと言えます。」

A「どういうことですか？」

筆者「法定後見制度を改善する努力と比較してみます。

専門職成年後見人等に関する問題が解決されない原因として、福祉が専門ではない法律系専門職に、細やかな身上監護を求めること自体が、そもそも無理なことではないかと、考えられます。」

Ａ「これを言ってしまうとおしまいな気がしますが、実態はそうなのでしょうね。」

筆者「法定後見制度を改善する努力は、そのような専門職が変わってくれることを目的とするものですが、一般的に他者に行動を変えてもらうことは難しいことです。
　加えて、専門職側にも正当な言い分がある状態なので、時間がかかり、譲歩も必要になります。
　努力の割には、抜本的な改善には至らない可能性が高いのではないかと危惧しています。」

Ａ「経験上、自分のためにする努力と比べて、他人を変える努力は難しいですよね。」

筆者「一方、信託における努力は、自分達のためにする努力です。
　努力をしなければ結果は出ないものの、努力をすれば結果がついてきます。もちろん簡単な努力とは言いませんが、希望を持って、モチベーションも維持できます。
　『法律は知っている者の味方』という言葉がありますが、信託も知っている者の味方です。
　多くの家族、親族が、報われる努力をして、信託を味方につけてもらいたいと願っています。」

おわりに

　最後まで読んでいただきありがとうございます。

　親亡き後の財産管理方法である法定後見制度には、多くの問題があり、利用するには躊躇する状態です。

　改善する努力を続けていますが、抜本的な問題解決には至っておらず、今後、努力を継続しても、かなりの忍耐力を求められる状態になっています。

　以前のように、法定後見制度しか選択肢がないのであれば、改善を求め続けるしか方法はありませんが、現在は信託という有力な選択肢を手に入れています。

　法定後見制度の改善は諦めないものの、信託で新たな仕組みを創るほうが、よりスピーディーで効果を実感できるのではないでしょうか。

　多くの知的障がい者支援者が信託を理解し、利用できるようになるよう、微力ながら尽くしていきたいと考えています。

参考文献等

◆ 寺本昌広『逐条解説 新しい信託法』商事法務.

◆ 遠藤英嗣『全訂 新しい家族信託』日本加除出版.

◆ 遠藤英嗣『家族信託契約』日本加除出版.

◆ 新井誠『信託法 第4版』有斐閣.

◆ 宮田房枝『そこが知りたかった！民事信託Q＆A100』中央経済社.

◆ 渡部伸『障害のある子の「親なきあと」』主婦の友社.

◆ 家庭裁判所『成年後見制度 –利用をお考えのあなたへ‐』.

◆ 法務省民事局『いざという時のために 知って安心 成年後見制度 成年後見登記制度』.

事項索引

あ

後継ぎ遺贈 100, 208
後継ぎ遺贈型受益者連続信託101,
　207

い

遺産分割協議........................... 25
意思決定に係る権利 66
意思凍結機能........................... 96
意思能力 67
意思能力制度....................... 173
遺贈 86
委託者 25, 27, 67
委託者が受益者を兼ねる自己信託
　............................... 35
委託者の権利...................... 69
委託者の資格...................... 67
委託者の死亡....................... 38
委託者の相続人 70
委託者の地位の移転............... 70
委託者の破産等 97
一般社団法人.......................... 50

一般社団法人信託協会 23
一般に公正妥当と認められる会計
　の慣行 107
一般に公正妥当と認められる会計
　の基準 107
遺留分 103
遺留分侵害額請求......... 213, 216
印紙税 110

か

会計慣行のしん酌.................. 107
会計の原則 107
確定申告 228
確定日付................................. 33
家族会議 182
家族機能 175
仮差押え 98
仮処分 98
監督義務 53
元本受益権 97, 117
元本受益者 97, 117

237

き

期限の利益 43

帰属権利者 93

給付 25

教育資金贈与信託 126

競合行為 55

競合行為に対する介入権 69

強制執行 35, 38, 98

共同相続人 178

共同遺言 181

共同遺言代用信託 181

共有 25

共有のデメリット 185

金銭的価値 36

け

権限違反行為の取消し 53

権限違反行為の取消権 69

検査役 59

原状の回復 39, 58

限定責任信託 42

検認手続き 31

権利能力 67

こ

行為能力 67

後見 134

後見開始等の審判に対する不服申

立て 140

後見開始又は保佐開始の審判 .. 48

後見制度支援信託 154

公証人 30

公正証書 30

公正証書遺言 31, 179

更生手続開始の決定 92

公平義務 55

国税滞納処分 98

個人受託者 48

固定資産税 113

固定資産税評価額 111

固有財産 35

固有財産をもって履行する責任を

負う債務 42

さ

債権者詐害 35

財産管理等委任契約 122, 190,
195

財産権 96

財産権の移転の登記又は登録.111

財産権の信託の登記又は登録.111

財産状況開示資料 56, 106, 228

財産の長期的管理機能 96

財産目録................................ 107

再生手続開始の決定 92

詐害行為取消請求 98

詐害信託................................ 98

30 年ルール 104

残余財産............................ 92, 93

残余財産受益者 93

し

自益信託.....................83, 85, 109

始期...................................... 30

死後事務 163

死後事務委任契約 164, 195

自己信託.......................... 29, 33

実印登録........171, 202, 212, 216

自筆証書遺言................... 31, 179

受遺者 32, 100

受遺者の死亡....................... 184

受遺者の破産等 184

収益受益権 97, 117

収益受益者 97, 117

重要な信託の変更等 66

受益権 25, 27, 65

受益権が複層化された受益者連続
　型信託 117

受益権が複層化された信託 97

受益権取得請求 66

受益権取得請求権............. 41, 66

受益権の取得...................... 65

受益権の承継方法................ 101

受益権の譲渡..................... 66

受益権の譲渡の制限 66

受益権割合 116

受益債権.................. 40, 42, 65

受益債権に係る債務 40

受益者 25, 27, 65

受益者指定権....................... 101

受益者代理人.................. 28, 76

受益者代理人の解任 79

受益者代理人の義務 77

受益者代理人の権限 77

受益者代理人の資格 76

受益者代理人の辞任 79

受益者代理人の事務の処理の終了
　事由 79

受益者代理人の就任の催告 76

受益者代理人の選任 76

受益者代理人の損害賠償の請求
.... 77

受益者代理人の任務の終了事由
.... 79

受益者代理人の費用の請求 77

受益者代理人の報酬の請求 78

受益者等課税信託 109

受益者による受託者の行為の差止
め 59

受益者による損失てん補責任等の
免除 59

受益者の権限の制限 82

受益者の権利行使の制限の禁止
.... 66

受益者の資格 65

受益者の破産等 99

受益者連続型信託 101

受益者連続機能 96

受託者 25, 27, 48

受託者候補 48

受託者裁量機能 96

受託者の違反行為の差止めの請求
権 69

受託者の解任 63

受託者の義務 54

受託者の権限 36, 53

受託者の債務負担 227

受託者の資格 48

受託者の辞任 63

受託者の死亡 38, 48

受託者の責任等 58

受託者の損失てん補責任等 38,
53, 58

受託者の破産 98

受託者の費用 61

受託者の変更 63

受託者の履行責任 73, 78

受託者への課税 87

受託者を監督する権利 66

純損失の繰越 112

障害年金 161

消極財産 36

商事信託 119

将来受けるべき利益 117

所得税 111

所有権 158

事理を弁識する能力 180

仕訳帳 106

人格権 36

新受益者代理人の選任 80

新受託者の就任の催告 63

新受託者の選任 63

身上監護 20, 134, 172

新信託監督人の選任 75

親族の成年後見人等 141

身体障がい者 121

身体障がい者支援 122

信託会社 119

信託監督人 28, 71

信託監督人、受益者代理人の選任

基準 81

信託監督人の解任 74

信託監督人の義務 72

信託監督人の権限 72

信託監督人の資格 71

信託監督人の辞任 74

信託監督人の事務の処理の終了事

由 74

信託監督人の就任の催告 71

信託監督人の選任 71

信託監督人の損害賠償の請求 .. 72

信託監督人の任務の終了事由 .. 74

信託監督人の費用の請求 72

信託監督人の報酬の請求 73

信託期間 103

信託業法 27, 49

信託銀行 23, 31, 119

信託計算規則 106

信託契約 29

信託行為 29

信託行為の趣旨のしん酌 107

信託口座 30, 38

信託債権 42

信託債権者 42

信託財産 25, 36

信託財産責任負担債務 40

信託財産の価額 116

信託財産の処分の差止めの請求権

.... 69

信託財産の範囲 37

信託財産のみをもって履行する責

任を負う債務 41

信託事務 41

信託事務遂行義務 54

信託事務の処理の委託における、

第三者の選任及び監督に関す

る義務 56

信託事務の処理の状況についての

報告義務 56

信託事務の第三者への委託 53

信託受益権 96

信託受益権の評価 116

信託帳簿 56, 106, 228

241

信託帳簿、信託事務の処理に関する書類等の閲覧又は謄写の請求権 69

信託帳簿の作成 106

信託できない財産 36

信託できる財産 36

信託登記制度 46, 229

信託の一括契約機能 195

信託の会計 106

信託の計算書 118, 228

信託の効力 31

信託の終了 91

信託の終了事由 91

信託の税金 109

信託の清算 63, 92

信託の存続の擬制 92

信託の登記の登記事項 47

信託の登記又は登録をすることができない財産 38

信託の登記又は登録をすることができる財産 38

信託の分割 66

信託の併合 66

信託の変更 88

信託の方法 29

信託の本旨 54

信託の目的 25, 27

信託の目的の変更 66

信託の歴史 22

信託法 23

信託報酬 62

信託法の改正・施行 23

信認義務 48

す

推定相続人 32

せ

清算受託者 92

清算受託者の権限 92

清算受託者の職務の終了 93

精神障がい者 121

生前贈与 84

成年後見制度 132

成年後見制度利用促進基本計画 148

成年後見等の終了 141

成年後見人 20, 134

成年後見人等 20, 139

成年後見人等候補者 139

成年後見人等にしかできないこと

.... 171

成年被後見人..................... 67

税務署へ提出する書類 118

生命保険信託........................ 125

責任財産.............................. 44

積極財産.............................. 36

善管注意義務 54

専門職 20, 27, 49, 122

専門職に求められる資質....... 123

専門職の後見人等の不正件数 150

専門職の成年後見人等 142

専門職の成年後見人等との出会い

.... 142

専門職の成年後見人等の解任 142

専門職の成年後見人等の後見実態

.... 144

専門職の成年後見人等の報酬 146

専門職の成年後見人の権限 ... 142

そ

総勘定元帳 106

争族 25, 179

相続.............................. 84

相続権 209

相続税 84, 109, 112, 114

相続対策 110

贈与 25, 65

贈与税 34, 84, 109, 112, 114

損益計算書 106

損益通算 112

損失のてん補..................... 39, 58

損失のてん補又は原状の回復の請

求権 69

た

第三者に対抗............... 34, 38, 46

貸借対照表 106

代理権 133, 134

他益信託 83, 109

諾成契約 30

担保権の実行....................... 98

担保権の設定された不動産 43,

199

ち

知的障がい者 4

忠実義務 54

重畳的債務引受け 45

帳簿等の作成等、報告及び保存の

義務 56

帳簿等の閲覧等の請求 56

直系尊属 103

賃金 161

つ

追加信託 211, 214

て

停止条件 30

抵当権 40

転換機能 96

電磁的記録 33

と

同意権 134

登記記録 47

倒産隔離機能 97

登録免許税 111, 112, 114

特定贈与信託 124

特定の者 25

特別障害者 124

特別障害者以外の特定障害者 124

特別の事情 58, 71

都市計画税 113

取消し 173

取消権 134, 192

な

内閣総理大臣の免許又は登録を受
けた者 49

に

認知症高齢者 121

任意後見監督人 189

任意後見契約 133, 189

任意後見契約（移行型）....... 190

任意後見契約（将来型）....... 190

任意後見契約の終了 191

任意後見契約の変更 192

任意後見受任者 191

任意後見制度 25, 132, 189

任意後見人 132, 189

任意後見人と任意後見監督人の報
酬 190

ね

年少者 121

の

納税資金.................................110

は

破産財団............................. 38
破産手続開始の決定.............. 48
反復継続......................... 49, 50

ひ

被保佐人........................... 67, 180
被補助人........................... 67, 180
秘密証書遺言.................. 31, 179
費用等の償還....................... 61
費用の前払 61

ふ

福祉型信託 121
複数の受益権....................... 96
複数の受益者......................... 96
複利現価率 117
付言事項............................ 182
負担付遺贈.............164, 184, 206
負担付遺贈に係る遺言の取消し
.... 184
負担付遺贈のデメリット....... 184
不動産共有 185
不動産共有信託 185
不動産取得税.......... 111, 113, 115
不動産取得税の非課税 ... 111, 113
不動産所得..........................112
不法行為................................. 41
分別管理義務.................... 38, 56

へ

変更の登記又は登録...............113

ほ

法人受託者 49
法人である受託者の役員の連帯責
任 59
法定後見制度... 20, 132, 134, 188
法定後見制度の担い手 139
法定後見制度の評判............. 137
法定後見制度の利用状況....... 137
法定後見の開始の審判の申立て
.... 136, 162
法定相続分 178
法律行為................................. 29

245

保佐 134

保佐人 20, 135

補助 135

補助人 20, 135

保存行為 164

本人以外のための支出の制限 188

ま

抹消の登記又は登録 115

み

未成年後見 155

未成年者 48, 65, 67, 71, 76

未成年者である知的障がい者 .. 68

みなし相続 104

民事信託 120

民事信託の分類 121

む

無限責任 42

無効 173

め

免責的債務引受け 44

ゆ

遺言 25, 29, 31, 178

遺言執行 31

遺言執行者 171, 179, 203

遺言者 68

遺言書の保管等に関する法律 179

遺言信託 31

遺言代用信託 85

遺言能力 68

遺言の限界 180

り

利益享受の禁止 54

利益相反行為 55

利益相反行為の取消権 69

利益分配機能 96

著者紹介

岡 内 誠 治（おかうち　せいじ）
岡内トラスト研究所代表
市川手をつなぐ親の会会員
1967 年　香川県高松市生まれ
東京大学経済学部卒業後、信託銀行勤務
行政書士、1 級ファイナンシャル・プランニング技能士
中小企業診断士、宅地建物取引士などの資格を取得
現在は、岡内トラスト研究所で、知的障がい者支援信託、中小企業向けの事業承継信託を中心に活動。

次男に知的障がいがあり、親の会主催の講演会に参加して、親亡き後問題の深刻さを知る。
一方で、信託への期待が大きいことも知り、30 年の信託経験を活かして、知的障がい者支援信託の普及に尽力することを決意。

岡内トラスト研究所
〒272-0111
千葉県市川市妙典 5-13-33　A＆Y ビル　3F-18
e-mail:　info@okauchitrust.com
URL:　　https://www.okauchitrust.com/

QR コード

知的障がい者支援信託　親亡き後は信託で

2021 年 12 月 2 日　初版　第一刷発行

著者　　　岡内　誠治
発行者　　谷村　勇輔
発行所　　ブイツーソリューション
　　　　　〒466-0848 名古屋市昭和区長戸町 4-40
　　　　　電話　　052-799-7391
　　　　　ＦＡＸ　052-799-7984
発売元　　星雲社（共同出版社・流通責任出版社）
　　　　　〒112-0005 東京都文京区水道 1-3-30
　　　　　電話　　03-3868-3275
　　　　　ＦＡＸ　03-3868-6588
印刷所　　富士リプロ
万一、落丁乱丁のある場合は送料当社負担でお取替えいたします。
小社宛にお送りください。
定価はカバーに表示してあります。